父の遺稿

その発見から出版まで

高橋甲四郎

海鳥社

本書を、父高橋昇の霊に捧げる

出版によせて

京都大学名誉教授　飯沼二郎

『朝鮮半島の農法と農民』の出版を推薦された方々のうち、とくに、朝鮮近代史の世界的権威である姜在彦《カンヂエオン》先生が、この出版に、近頃めずらしい孝子の志を感じたと記してあることに感動した。

姜先生は、現在、私が「先生」とおよびする唯一の先生である。私は姜先生がどのような御家庭に生まれ育てられたのか、なぜ若くして独立直後の済州島を脱出して、日本に来られたのか、全く存じない。

ただ、半世紀以上も、この世の光を見なかった父上の遺稿を、このように立派に出版されるについては、御子息甲四郎氏の並々ならぬ御苦労があったことを、終始傍らにいたものとして知っている。甲四郎氏としても忘れがたい思い出であろう。このことを生き生きと記したのが本書である。

私は、『朝鮮半島の農法と農民』が、父子二代にわたる多くの困難によって生み出されたことの重さを感ぜずにはいられない。

二〇〇一年五月二十四日

父の遺稿◉目次

遺稿発見

父の死

一九四六年（昭和二十一年）五月といえば、日本が無謀な戦争を仕掛けて惨敗してから、まだ一年にもならない時期である。そのころ私は北九州の明治工業専門学校（現在の九州工業大学）に在学していた。卒業まではまだ日数があり、慣例にしたがって学寮に寄宿していた私の手元に、郷里から一通の電報が届いた。

「チチカエル、スグコイ」

父は敗戦まで朝鮮総督府農事試験場に勤務していたから、敗戦と共に、朝鮮からすぐにでも引き揚げて来るものと私は思っていた。ところが、敗戦後一カ月くらい経ったころ「残務整理のため、しばらく朝鮮に残らねばならなくなった」という父の便りが届いた。それから八カ月が過ぎたころの電報である。

私は、取るものも取りあえず、その日のうちに郷里（現在の福岡県八女市）に向かった。

父は朝鮮在勤時代、長い間官舎住まいをしていたから、日本に引き揚げて来ても住む家がなかった。やむなく父の妹（私の叔母）の嫁ぎ先の離れ家を借りて寝起きしていた。

私は、やつれ果てて郷里に引き揚げて来た父の無事を確認すると、授業が再開された学校に戻った。再び父のもとに帰ってきたのは、早めの夏休みに入った七月はじめのことだった。

当時、私が在住していた北九州は、戦争中、軍需工場が密集していたため、小倉、戸畑、八幡、黒崎などは、アメリカ爆撃機B29により壊滅、ほとんど焼け野が原のようになっていた。日本の主要な都市も、戦争による被害のため焦土と化し、人々は襤褸《ぼろ》をま

父高橋昇の最後の写真（54歳）
敗戦後，水原農試本場に約10カ月間残留して韓国人後継者の育成につくした。遺稿の中の「今後の朝鮮農業について」,「稲作の歴史的発展過程（I・II・III）」などは，この時期に執筆したものである（1945年12月21日，京畿道水原農事試験場本場前にて撮影）

とい、焼けただれた倒壊家屋の間をさまよい、満たされない空腹を抱えながら、職と、食と、住を求めて狂奔していた。

叔母の家も、戦災こそ被っていなかったが、敗戦後の乏しい食生活を強いられていることには変わりなかった。主食は配給制で、米麦の代わりに甘藷や大豆が配給されることが多かった。毎回の食事の量も、茶碗に盛り切り一杯と制限され、どの家庭でも、一日一日をどのようにして食べていくかが大問題であった。だから、外地からの引揚者は、どこの家庭でも敬遠されていた。食べ盛りの四人の子供を抱えて、この食糧難の時代に日々苦労している叔母の家に私たち親子が厄介になることが、どれだけ迷惑になるかは、分かりすぎるほど分かっていた。しかし、帰って来ても自分の家を持たない私たち引揚者にとって、ほかに行く場所がなかった。

このような状況の中で、交通機関も十分に回復していないのに、父は毎日のように東京や熊本方面に出掛けていたようだ。あとで叔母やいとこたちの話を聞くと、一足先に日本に引き揚げて来た、かつての自分の部下たちの就職の世話などに奔走していたという。このような状態であったため、私は父と再会はしたものの、ゆっくりと会話する時間的余裕もなかったのである。

そして、忘れようとしても決して忘れ去ることのできない運命の日がやって来た。

長くうっとうしい梅雨の合間の雨上がり、若葉が朝日に輝き、つかの間の青空が顔を出した七月十日早朝のことである。父は前夜遅く東京から帰って来て、疲れて眠っていた。私は寝入っている父より一足早く起きて、近くの井戸端で顔を洗い、父がやすんでいる離れ家に再び戻って来た。私の気配に気づいたのか父は目を覚ました。そして仰向きに寝たままの姿勢でつぶやくように、こう言った。

「水を、水を持って来てくれ」

私は急いで井戸端に引き返し、手押しポンプで水を汲み上げ、コップになみなみと水を注いで、父の枕元に持って行き、

「水、持って来たよ」

と言ってコップを差し出した。父は上半身をこちらに向けるようにして寝返り、右手を大きく伸ばして、私のコップを取ろうとした。

そのときである。

父の手がコップに届く前に、突然、父のからだ全体がけいれんした。次いで硬直したようになった。まっすぐ伸ばした右の手が、大きな息と一緒に二、三回上下したかと思うと、一言も発することなく、燃えていた火に水が掛けられて消えていくようにして息を引き取ったのである。

あっという間もない瞬時の出来事だった。

私は、持って来た水の入ったコップを握り締めたまま、一瞬呆然となったが、すぐさま事の重大さに気づき、走って行って叔母やその家族に父の異変を告げた。間もなく連絡を受けた医師がやって来た。診断をして私に手渡された死亡診断書には、「狭心症による死亡」と書かれてあった。

父は、このようにして五十五年間の生涯を終えたのである。

父は先妻に先立たれ、後妻を迎えてからは決してしあわせな家庭生活の日々を味わうことができず、家庭的に不遇であった。

父は男三人、女二人の五人兄弟姉妹の次男として福岡県八女市（当時は福島町）で生まれ、幼いときには厳格な父親（私からは祖父）のもとで、幸せな家庭生活を過ごした。しかし、父の二度目の妻（私にとっては義母）は、父の学究的でいちずな性格や行動を、まったく理解できなかった。家庭の中はつねに冷え切っていた。私は、実母とは幼いときに死別したので、実母の印象はあまりない。父と後妻との間には子供はなく、私は兄弟姉妹のない、まったくの一人息子だったのである。家庭がこのように冷え切った空気の中で私は義母になつかず、子供心には怖かったけれども、父に肉親としての温かみを感じ、父とはよく行動を共にした。

杖とも柱とも頼みにしていた父の死。私は、大きな鉄槌で脳天をたたきつぶされたようなショックを受けた。久し振りに再会できて間もない父との死別は、一人息子で当時二十一歳の私にとっては、大きな試練であった。父の後妻となった私の義母は、早くから音信不通であった。

遺稿発見

それから二十年という歳月が経過した一九六六年（昭和四十一年）、私も四十一歳になっていた。私は二十七歳のとき、妻を持った。子供には恵まれなかったが、自分たちの家だけは持ちたいと、妻の実家の近くに念願の家を新築した。

四月上旬に新居に移った私たち夫婦は、いままで親戚の家（おもに叔母の家）に長らく預けていた父の荷物を、新居の部屋の一箇所に集めて整理を始めた。すると、柳行李の中に、雑然と、そしてぎっしりと詰まっている、おびただしい原稿や、写真、朝鮮地図などを発見した。手にとって見ると父の筆跡で、農具の図や土地を耕作している人や牛の図が、至るところに書きこんであった。

当時私は、高校の教師として数学を担当していたが、農業方面の知識は皆無であった。

父の原稿を広げて眺めても、何が何やらさっぱり分からなかった。しかし、父が朝鮮から引き揚げるときに大事にして持って帰ったものであろうことだけは推察できた。父が書いた原稿や、父が撮ったであろう朝鮮の農村風景の写真を見つめていると、二十年前、何事も言い得ずに、私の面前で突如として遠いあの世に旅立っていった父がどんなに無念の思いをしたかと、熱いものが忽然と私の胸に込み上げてくるのである。

私がまだ小学生だったころ、寝苦しい夏の暑い夜に、蚊取り線香をいぶしながら、大きな座敷用テーブルの前にどっかりとあぐらをかき、太い万年筆を握り、テーブルの上に広げられた原稿用紙に向かい、さらさらと書いていた父の面影が懐かしく思い出されてくるのである。

柳行李にあふれる、この膨大な父の遺稿や写真、資料。その前で私は途方にくれた。何とかせねばならない。一体どうしたらいいというのか。心は焦り、もがいた。

父の死後すでに二十年という歳月が経過しているいま、相談したくても父の友人知人の多くは故人になられている。そうでなくても、どなたがどこで、どのようにされているのか、住所録が残っているわけでもなく、その方々の消息はさっぱり分からなかった。

ところが、さらに父の荷物を丹念に整理しているうちに、一通の手紙が出てきた。それは、敗戦前に朝鮮から引き揚げて郷里の東京に落ち着き、当時の農林水産省に在勤されていた森秀男さん（朝鮮では、副場長として、私たちの官舎の近くに住んでおられ、お会いするたびに「森さん」と呼んでいた）から父に宛てた手紙であった。住所は東京都となっている。

私は、藁にもすがる思いで心の中で叫んだ。

「そうだ。森さんに相談しよう」

こう決めた私は、柳行李から出てきた父の調査資料や研究物などの目次を、私なりに作成し、いままでのいきさつを書いて、森さん宛に郵送したのだった。

森さんからはただちに返事が送付されてきた。

「思いがけない貴簡嬉しく拝見致しました。

さて、このたび発見されましたご尊父の原稿は、大変貴重なものと存じます。実は私のところにも一部お預かりしております。各道の農業実態調査が大部分です。これは、はじめ片山隆三氏（もと朝鮮農会勤務、現在和歌山県御坊市在住）が預かっていられたものが、九州農事試験場に回ってきたもので、その後当時の九州農試の佐藤場長が、私にまとめるようにとのことで、私の手元に来たものです。

貴殿からの資料目次を拝見しましたが、貴重なもののようです。私のお預かりしているものと一緒にすると、より完璧なものになるかと存じます」

私はこの森さんのお便りを拝見するや、私の手元にあったすべての父の研究資料、写真、朝鮮地図などを、ただちに森さん宛に発送した。

遺稿の全貌

この年の十二月中旬、これらの遺稿のすべてにわたり、項目別に分類整理された詳細な遺稿・資料目録が、森秀男さんから私のもとに送られてきた。

柳行李に入ったままで森さんに送った父の遺稿は、まったく雑然として、何百枚、何千枚あるのか見当もつかなかった。内容どころではなかった。しかし、森さんから送られてきた十一枚綴りの遺稿・資料目録の表紙には、次のように表記されていた。

【故農学博士　高橋昇氏　遺稿・資料目録】

原稿および印刷物……………一一八七八枚
印刷物……………………………八七六枚
写真……………………………一四九五枚
図…………………………………二八二枚

地図……………………………………二六〇枚
写真・関連原稿………………………五〇七枚

これによってみると、父の未発表の原稿や印刷物が、約一万枚をこえる膨大なものであることが分かった。資料の全体像もなんとかつかめた。

さらにこの目録をめくってみると、遺稿の中身が次のように十二項目に分類されていた。

分類〔Ⅰ〕実態調査…………………三八七五枚
分類〔Ⅱ〕統計…………………………九八枚
分類〔Ⅲ〕写真……………………一四九五葉
分類〔Ⅳ〕試験成績……………………五〇三枚
分類〔Ⅴ〕論文、刊行物等………一七一九枚
分類〔Ⅵ〕在来品種特性調査……一四三六枚
分類〔Ⅶ〕水稲畦立栽培…………一七五九枚
分類〔Ⅷ〕地図…………………………二六〇枚

分類［Ⅸ］気象資料……………………五四七枚
分類［Ⅹ］学位論文資料・日誌……一一一七枚
分類［Ⅺ］雑…………………………七二四枚
分類［Ⅻ］写真原板…………………五〇七枚

この十二項目の分類がさらに細かく分岐されて書かれていた。これらは森秀男さんが以前より預かっていられた実態調査約二〇〇〇枚近くの父の原稿と、私が自宅で発見した遺稿とを合算したものであることは言うまでもない。

このように分類、分岐をするために、森さんは何カ月もかかって、日夜を分かたず骨身を削られたに違いない。

いったい、このような膨大な調査資料や写真、地図などを、敗戦直後の混迷を極めた悪条件のもとで、朝鮮から日本国内に父がどのようにして運んで来たのであろうか。もちろん、父一人の力で、これだけの膨大な資料を搬入することは到底不可能である。

しかし、父の遺稿の一部を朝鮮から日本国内に搬入するために献身的に協力をされた一人の人物を、まったくの偶然から知ることができた。

偶然の織り成す細い糸

父の死後四十年も経過したある日、自宅に電話がかかってきた。熊本市に住んでいる若杉親義という者であると名乗られ、

「突然お電話を差し上げて大変失礼とは思いましたが……」

と丁重に切り出し、こういう話をされた。

「朝鮮の農事試験場に勤めていたころ、あなたのお父さんに大変お世話になった者です。朝鮮からこの熊本に引き揚げて来てからは、何とかしてあなたのお父さんの消息を知りたいものだと、八方手を尽くして探しましたが、すでにお亡くなりになられたということが分かりました。その後、ご遺族であるあなたの所在地が分かり、お電話したのです。つきましては、あなたのお父さんのお墓に参りたいと思いますが、ご案内していただけないでしょうか」

私にとって、若杉親義というお名前を聞くのは、初めてだった。

「今度の日曜日はいかがでしょうか」

ということで若杉さんを待った。

指定された日曜日、若杉親義さんは、息子さんの運転する車で熊本市から六〇キロも離れた八女市の私の家まで、奥様と一緒にやって来られた。若杉さんはすでに八十歳をこえていた。息子さんは五十歳前後だった。息子さんが午後五時ごろ迎えに来るからと言って、所用のために帰られたあとで、私は二人を応接間に通し、いろいろと話を聞いた。

「私はあなたのお父さんの媒酌で、この妻と一緒になれたのです。いま自動車で送ってくれた息子が生まれたころ、私は妻と二人で、生まれたばかりの息子を抱いてあなたのお父さんが住んでいられた場長官舎を訪ねたところ、あなたのお父さんが出て来られて、まだ一歳にもならない息子を抱きしめ、しきりにあやしていられましたよ」

若杉さんは奥様のほうを振り向き、感慨深そうに話されるのである。

しばらく父についての若杉さんの思い出話が続いたあと、二人を隣町の八女郡黒木町にある父の墓地に、私の車で案内した。父の墓は少し勾配の険しい道を登ったところにある。若杉さんご夫婦は元気にその坂道を登った。若杉親義さんは父の墓前に立ち、直立不動の姿勢をとった。そしてまるでそこに父が現存しているかのように、父の墓石に向かって、大きな声で話しかけた。

「若杉親義、朝鮮より無事に引き揚げて参りました。生前には大変お世話になりました。ありがとうございました」

そして、ゆっくりと頭を下げて両手で目頭を押さえ、はらはらと落涙された。奥様は傍らで黙って頭を下げていられた。

それから数カ月経って、その若杉さんから電話がかかってきた。

「実は、昨日、珍しい人に会いましたので、お知らせしようと思い、お電話したところです。

昨日、熊本市内のある料亭で、朝鮮引揚者の集いがあったのです。私も参加していろいろな人と話しているうちに、あなたのお父さんをよく知っているという方に会いました。その方は『木下栄』という人です。あなたのお父さんの調査資料を、朝鮮から引き揚げるときに、リュックに入れて運んで来たというのです。一度その木下さんに電話してみてください」

私はその日の夕方、教えていただいた電話番号のところに電話してみた。

電話に出られた木下栄さんは、驚いたようだった。懐かしがって、老人らしい落ち着いた声で話を始められた。

木下栄さんは北朝鮮・普天堡近くの農事試験場北鮮支場に勤務されていたが、戦争末期には徴兵にとられ、済州島に配属されたあと敗戦で除隊された。

その後、朝鮮京畿道水原《すいげん》に戻られ、ここで当時総務部長であった父と再会、父の調査研究資料を預かり、これを日本国内に持って行くように、父から依頼されたと言われる。

それから数日経って、北朝鮮在勤当時に撮ったというサービス判ぐらいの写真二十数枚と一緒に、木下さんからの便りが届いた。

「日本の敗戦の翌年、つまり一九四六年（昭和二十一年）五月に、あなたのお父上は、引き揚げて来られたあと、間もなく熊本県玉名市の私の実家までお出でになりました。其の時、私は預かっていましたお父上の調査研究資料を、すべてお父上にお渡し致しました。その調査研究資料は、敗戦の一九四五年九月十八日に、水原でお預かりしたものでした。私が引き揚げるときにこれらをリュックサックに入れて熊本県の私の自宅まで持って来ていたものです。私はその調査研究資料をあなたのお父さんにお渡ししたあと、玉名駅までお送りしてそこでお別れしました。その時からすでに四十三年という歳月が経ちました。その当時三十八歳だった青年の私は、今では八十一歳の老人になってしまいました」

電話でお話された内容と、この便りによって推察できることは、父は敗戦の翌年、郷里の八女市に引き揚げて来てからは、いったん叔母の家に落ち着いたあと、熊本県玉名市の木下さんの家まで行き、木下さんに預けたままになっている自分の調査研究資料を受け取り、八女市の叔母の家まで持って帰ったのだろう。

当時、日本国内は敗戦の混乱の中で、交通機関も十分に回復していなかった。外地から続々と引き揚げて来る人々、闇買出しに狂奔する人で客車は不足し、貨物車や無蓋車が鈴なりになった時代である。父はこのような悪条件のもとで、疲れた体に鞭打ち、重たい自分の研究物を必死になって引き揚げ先の叔母の家まで運んで来たに違いない。

私は、木下さんからお便りをいただいたあと、再び木下さんに電話を入れ、父が預けていた調査研究資料はどのようなものであったか尋ねたが、

「内容はよく見ていません。預かったものを、そのままそっくりお返しいたしました」

とのことであった。そのとき私が熊本県の玉名市まで行き、木下さんにお会いして話を聞けばよかったのだが、高校教師としての仕事に追われていたためにそれができずに、瞬く間に七年が経過した。

一九九六年（平成八年）十二月に、私は高校を定年退職、幾分時間的余裕ができたため、改めて木下さんから詳細な話をお聞きしようと、木下さん宅に電話した。一人娘と言われる方が電話口に出られ、木下栄さんは六年前に亡くなった、と告げた。

彼女が話すには、「父は私たちより一足早く引き揚げて来ましたが、そのときいろいろな研究物資料をぎっしり詰め込んだ、大きなリュックサック一つを背負って帰って来

ました。これを見て、一緒に引き揚げて来た親戚の者や知人たちは、『引揚者は皆自分の食料品や所帯道具などを持って帰って来るのに、何のために他人の、しかも生活に役に立たないものばかりを、大事そうに苦労して背負って引き揚げて来たのか、その気持ちが分からぬ』と言って、いまでも語り草となって語り継がれていますよ」

その木下栄さんと父とは、どのような間柄であったか、父亡きいまとなっては知る由もない。しかし、若杉親義さんを通じて木下栄さんを知ることがなければ、父の遺稿がどのようにして朝鮮から日本国内に運ばれて来たのか、永久に分からぬままであったろう。

まさに、偶然の織り成す情報の細い糸に操られて、私は遺稿の運命を知ったのである。

遺稿の運命

出版へ向けて

一九六六年（昭和四十一年）十二月ごろ、私が遺稿・資料のすべてを森秀男さんに送って二カ月後に、森さんが作成した遺稿・資料の詳細な目録が私宛に送られてきたことは前に書いたが、その目録と一緒に次のような書簡が同封されていた。

「資料目録大変遅くなりましたが、ようやく出来あがりましたので、一部お送り致します。表紙が痛んでいるもの、バラバラのものは全部ファイルに綴じました。これでもう痛むことはないと思います。

全部まとめて鉄製の缶にいれて、拙宅の書庫に納めてあります。それでも散逸を恐れて『高橋昇氏遺稿』と大きく書き、また朱で分類番号とその中の小見出し番号をつけておきましたから、まず大丈夫と思います。

ようやく整理も終わりましたので、これから内容に入りたいと思います。

第一に着手したいのは分類［I］の実態調査です。これは世界的に価値ある資料です。この［I］を中心として、ほかの部分も整理致すつもりです」

農業方面にはまったくの門外漢の私にとって、森さんの書簡の末尾にある「世界的に価値ある資料」というくだりは、少し誇張されているのではないだろうかと思った。何はともあれ、父の遺稿が森さんのところで安全に保管、整理されることになり、私はようやく安堵した。

さて、これからは、森秀男さんの手によって、父の死後二十年間も埋もれたままになっていた父の遺稿に、一日も早く日の目を見させていただくことである。私は森さんに手を合わせる気持ちだった。

翌一九六七年二月、再び森秀男さんからの書簡が届いた。

「御無沙汰しています。御健勝のことと思います。

其の後御遺稿の整理については、出来るだけ時間を作って進めています。筆耕のほうも私の身近な知人で信頼出来る人（三人）に頼んで進めています。

先にお送り致しました目録のうち、分類［I］の（8）は、単純で内容も比較的まとまっていますので、これは筆耕を待たずに直接整理を始めていますので、この夏ごろまでに、何とかまとめあげたいものと思っています」

この分類［I］の（8）というのは、「朝鮮の主要作物の作付方式と土地利用」（二六九枚）というテーマの論文である。

森秀男さんの書簡はさらに続く。

「先日、韓国の農村振興庁試験局長李宰寧《イヂエニヨン》氏より、山根申夫氏（もと朝鮮黄海道農事試験場沙里院《しゃりいん》分場長）を経由して、沢村東平氏（もと朝鮮農事試験場在勤）を通じ、私宛てに御遺稿を韓国に寄贈して欲しいとの依頼がありました」

これに対して森秀男さんは次のような書簡を、依頼者の李宰寧氏に送り、寄贈を断ったことが書いてあった。

故農学博士・高橋昇氏の遺稿について

一、この遺稿は、高橋昇氏が朝鮮総督府農事試験場西鮮支場長として、沙里院に在勤された時の研究資料で、約一三〇〇〇枚にのぼり、終戦後、帰国される時に持ち帰られたもので、同氏が余生をこの整理に当てられるつもりであったが、不幸にして帰国後いくばくもなくして急逝された。

二、遺子、高橋甲四郎氏がそのまま保管されていたが、昭和四十一年十月、小生宛に全部送付されて、その整理を小生に委託され、目下小生の手元に保管し、整理に着手した。

三、同資料は多岐にわたるが、

（1）農業実態調査資料
（2）水稲畦立栽培関係資料
（3）主要作物特性調査

が主なものである。どれも貴重であるが、その中でも（1）の農業実態調査資料は朝鮮半島全域にわたり詳細を極めたもので、約三〇〇〇枚あり、世界的に貴重な資料と思われる。

四、ただし、この農業実態調査は野帖（聞き取り）のままであって、整理、体系付けないことには、折角の貴重な内容も十分な意義を発揮し得ない。

五、小生はまことに浅学ではあるが、同氏のもとに五年間（昭和十二年〜十七年）勤務した関係もあり、同氏がこの実態調査より何を得ようとしていたか、その意図を最もよく知っている一人であり、これをまとめて公にすることが、同氏の学恩に報いる道とも考え、小生の力の及ぶ限りまとめる努力をする決意である。

六、一部分は、今夏までに整理を終える予定である。

七、韓国農村振興庁の李宰寧氏が、この資料を希望されている事情はよく分からないけれども、この遺稿を韓国に寄贈することによって、韓国農業に貢献することが出来るなら、高橋昇氏も本懐とされるであろうが、前述したような事情で、そのままでは利用が困難であろう。
八、また、原簿が一部あるだけで、一度これが散逸したら、再び得る事は出来ないし、原簿の一部はすでに破損しかけている。
九、以上のような理由で、今そのまま原簿を寄贈することは困難である。
十、英語で公刊したいのは、同氏の永年にわたる努力の結晶を、広く世界の農学に貢献したいからである。
十一、この資料に韓国でも関心を寄せていられることを、地下に眠る高橋氏が知れば、深く喜ばれると思うので、小生としても出来るだけ早くまとめる努力をしたい。

私は、この書簡のコピーを見て、父の遺稿の概要や遺稿が置かれている現状と、森さんの決意を初めて知ることができ、一日も早く出版の日が到来することを祈った。

翌年、再び森秀男さんから便りが届いた。

「農業実態調査の筆耕も急速ではありませんが、進んでおります」

と報告、韓国からの寄贈依頼については、韓国宛に事情を書いたものを送り、理解していただいたこと、森さんは日本工営株式会社の農業部顧問を依頼されて毎日出社、早速約一カ月半の予定でメキシコをはじめ中米数カ国に、先方の政府の招請で行ってくる、と近況が書かれていた。

森さんも忙しくなり、父の遺稿の整理に専念するわけにもいかなくなったことが分かった。

時の経過

それから十年という歳月が経過した。一九七六年（昭和五十一年）二月、久し振りに森秀男さんから懐かしいお便りが届いた。

封筒の裏を返してみると、いままで「森秀男」だったのが、「落合秀男」となっている。森さんの奥様の旧姓は「落合」であり、お便りによれば、奥様のご両親に嫡子がいなかったので、森秀男さんが落合家の養子となり、奥様方の実家の姓を名乗られて「落合秀男」と改姓されたとのことである（したがって、今後は「森秀男さん」を、「落合秀男さん」と呼ぶことにする）。

落合秀男さんからの便りに次のようなことが書いてあった。

「農林省熱帯農業研究センターが、旧朝鮮農業技術研究史を発刊することになり、かつて朝鮮の農業方面で活躍された方々が、それぞれの分野を受け持って執筆する。落合は、『高橋昇博士の思想と業績』と題して執筆する。ついては、御尊父の写真を冒頭に入れたいので、適当なものを一枚送付して欲しい」

早速これはと思う父の上半身の写真を落合さん宛に送付した。

それから数カ月後、落合さんから農林省熱帯農業研究センター発行の『旧朝鮮における日本の農業試験研究の成果』という表題の約八〇〇ページの学術書が送られてきた。開いてみると、最後に「特別寄稿」として、落合さんのご執筆による父の朝鮮での業績が四十三ページにわたって書かれてあった。そこには、私が幼かったために知ることができなかった父の仕事上のことや研究調査のことなど、詳細に記載されていた。さらに父の遺稿については、この「特別寄稿」に、次のように述べてあった。

「遺稿を何とかまとめて、出来るだけ御遺志に沿うようにします、と甲四郎さんに御約束して、まだ果たせないでいる。弁解がましくなるけれど、怠けているのではない。永遠に価値を失わない貴重な内容であるだけに、粗末に扱いたくない」

その後、整理がどれだけ進んでいるか気がかりだったので、何度か手紙で進捗状況をお尋ねした。

「農業の実態調査の筆耕も、急速ではありませんが進捗しております。貴重な資料ですから誰にでも依頼できず、気心の分かった者を選んでいますので、あまり早くは出来ません」

という返事がいつも返ってきた。

農業実態調査だけでも四〇〇〇枚という膨大な枚数であり、落合さんが、このことだけに専念できる状態でないことを考えて、辛抱強く「待つ」しかなかった。

さらに六年という歳月が過ぎた。一九八二年三月になって、やや明るい便りが落合さんから届いた。

「さて、貴殿御尊父の御遺稿、気になりつつ延引しておりましたが、ようやく二、三の方面からその価値の偉大さを認めてくれました。

その転機となりましたのは、貴殿にお目にかけました『旧朝鮮における日本の農業試験研究の成果』のなかの拙著による御尊父の評伝が、各方面で読まれたのです。

東京大学農学部名誉教授近藤康男先生のお目にとまり、これは大変な業績である、何とか世に出すように、とのお話からです。近藤康男先生は、私の学生時代の農学部助教授で、いまは財団法人日本農山村文化協会の理事長です。

この財団法人日本農山村文化協会は、俗称『農文協』と呼ばれ、一般の商業出版社が手がけない本の出版をしておりますが、最近この編集部より話がありました。まだ海のものとも山のものとも分かりませんが、私の姪もここの仕事を手伝っておりますし、何とかなるのではないか、と希望を持っております。

出版の対象になるのは、農業実態調査の野帖四〇〇〇枚です。ほかの資料も出来るだけこの中に取り入れたいのですが、どのようにして出来たのか不明のものも多く、あまり期待できません。野帖を思いきって組み替えませんと本の形になりませんので、そのためにはあと一年か、一年半はかかると思います。

相当に大部のものになると思いますが、いつまでも後世に残るものに致したく、今のところ七、八分通りは進んでおりますが、最終的に出版の段取りまで決定しましたら、またお知らせ致します。

書名は『高橋昇・朝鮮の農法　落合秀男編』とでも致そうかと考えています。よろしいでしょうか」

書名も含めて、一切を落合秀男さんにお任せしているので、落合さんの提案に異存はなかった。

私もようやく愁眉をひらく思いだった、落合秀男さんに父の遺稿を委託したが、いままで長い間待った甲斐があった、やっと出版への見通しがついた、と喜んだのであった。ただ、「まだ海のものとも、山のものとも分かりません」ということだから、なお安心はできなかったが、もうしばらくの辛抱だと思った。

ところが、それから二、三年経っても落合さんから何の連絡もない。私は意を決して落合さんに、その後の進捗状況を書面で問い合わせた。

ふくらむ不安

落合さんからの返事は次のようであった。

「初夏の候清栄と存じます。すっかり御無沙汰致し申し訳ありません。御尊父の御遺稿のこと、決して忘れたわけでもなく、気にしておりましたが、あまりにも重大でなかなか進捗致さずにおりましたが、今春、小生の約十五年らいの知友山口氏が積極的に応援してくれることとなり、すこしずつではありますが、進めております。同君のことは、あるいは御耳に入っているかと存じますが、昭和九年東京大学農学部実科卒業後、ただちに朝鮮農事試験場西鮮支場の助手となり、三年ほど御尊父のもとにて鍛えられ、のちに江原道農事試験場に赴任し、戦後は新潟農事試験場に勤務し、稲作の功績あり、その後小生と共にバングラディシュ、インドネシアにて農業試験に従事し、ただ今は埼玉県小川町にて、悠悠自適の生活をしております。今年七十三歳で、今春以来数回拙宅に来て、玉稿整理の具体的打ち合わせを終わり、すでにコピーしたものの一部を持ちかえり、整理を進めてくれています。

私もここ二、三年ほど前から、祖父直文に関するものの遺稿整理に追いまわされていたが、一段落致しました。今秋には一冊直文研究の本も出ますが、その節はお目にかけます。

大変遅れましたが、以上の次第です。御健勝をお祈り致します」

ここで「祖父直文」とあるのは、「孝女白菊の歌」で世に知られるようになった明治の歌人で、国文学者の「落合直文」氏のことである。

落合秀男さんの奥様は、この落合直文氏の孫娘に当たり、途中から落合家の養子になられた落合秀男さんからいえば、落合直文氏は義理の祖父になる。

一九八五年十月中旬、前田透著『落合直文――近代短歌の黎明』という本が私宛に送られてきた。「謹呈　落合秀男」とあり、落合さんが執筆された「あとがき」によると、落合直文氏の評伝を、歌人前田夕暮氏のご子息である前田透氏がまとめておられたが、出版間近という時期に、前田透氏は交通事故に遭遇されて亡くなった。前田透氏の未亡人から、落合秀男さんにこのあとを継いで完成してほしいと依頼され、落合さんも引き受けざるを得なくなったという。それが完成して明治書院から私のもとに送られてきたのである。

落合さんは以前の便りに、「私も、ここ二、三年ほど前から、祖父直文に関するものの遺稿整理に追われていたが、一段落いたしました」と記していたことから、「一段落した」なら、これからは、父の遺稿をまとめることができるのではないかと期待していた。

ところが、この翌年三月十七日、落合秀男さんからの来信で私は大きな不安に駆られた。

「小生このごろ、祖父直文の遺稿取りまとめに追われていて、なかなか筆を執る機会もありませんが、一、二コピーをお目に掛けます、御笑覧ください」

と書かれていたからだ。この便りと一緒に『落合直文――人と作品』というテーマで、落合秀男さんが十ページにわたって執筆されている「序文」が送付されてきた。

父の遺稿はどうなっているのだろうか、未完成のまま横のほうに置き去りになっているのではないだろうか。落合さんが祖父落合直文氏の評伝に今後も取り組まれるとすれば、父の遺稿をお願いしていること自体、かえってご迷惑になるのではないだろうか。そうであれば、落合さんにお預けしておいたすべての父の遺稿を私の手元に引き取らざるを得ない。

とにかく一度、東京まで出て行って、落合秀男さん宅を訪問し、父の遺稿がどうなっているのか、自分の目で確かめ、落合さんに直接会って、今後のお考えを聞かねば安心できないような気持ちになっていったのである。

二十年ぶりに見た遺稿

落合秀男さんに父の遺稿整理をお願いしてすでに二十年の歳月が経過している。その間、遺稿がどのようになっているのか、どこまで整理が進んでいるのか、一度も見ていない。一度は東京の落合さん宅を訪問し、預けた遺稿を見せていただき、落合さんとお会いして、今後のことなどをお伺いしたいものだ。最近では、落合さんは義理の祖父に当たる落合直文氏の遺稿整理も手掛けていられるようだし、そうなれば、一日も早く父の遺稿の消息を知りたい。そして、今後のことも落合さんと協議せねばなるまい。そう考えた。

その機会が、思ったより早くめぐって来た。

一九八八年（昭和六十三年）一月十六日、かつて北朝鮮の小学校で一緒に机を並べて学んだ某級友の提案で、五十年ぶりに恩師を囲んで同窓会を開くことになった。場所は京都の「堀川会館」である。小学校同窓会の翌日には、もと北朝鮮の海州に在住していた者の集い「海州会」が東京であるという案内も受けていた。私は旧制中学校に通学していたころ、海州に下宿していたのである。

私は、小学校同窓会の案内を受けたとき、とっさに決心した。小学校の同窓会に京都まで出掛けるなら、その足を東京までのばして「海州会」に参加し、翌朝落合さん宅を訪問し、落合秀男さんに直接会って、遺稿に関する今後のことについてもいろいろと話をお伺いすることにしよう、と。

東京・新宿の中華料理店で行われた「海州会」に参加した私は、十八日の朝、宿泊先のビジネスホテルから品川区大崎の落合さん宅に電話した。この日お伺いすることは、落合さんには前もって連絡しておいた。電話口には奥様が出られ、目黒駅で十時四十分に待ち合わせをすることにし、私はホテルを早めに出発した。

目黒駅には思ったより早く着いたので、駅の構外に出て、周辺をぶらぶらと歩いて見物して回った。目黒駅は、東京という大都会のイメージからかなりかけ離れた、こぢんまりとした駅で、周辺の建物も人々の動きも、場末といった感じであった。

しばらく歩いたあと、目黒駅の出口に戻って待っていると、小柄な奥様がタクシーでお出でになった。

「お久しぶりでございます。このタクシーにお乗りください。一緒に参りましょう」

私は奥様と一緒にタクシーに乗り、五分ぐらいで落合さんの家に着いた。着物を着込こんだ背丈の高い落合秀男さんが、ゆったりと出て来られた。ひと通りの挨拶を交わしたあと、テーブルを挟んで落合秀男さんと向かい合う。

落合さんは、数年前から肺が珪肺《けいはい》病のようになり、常人の三分の二くらいしか働いていないということだった。そのためか、一言一言を話されるにしても、とても息苦しそうだった。

しばらくして、かつて父と一緒に朝鮮農事試験場に在勤され、現在は落合さんに預けている父の遺稿の筆耕をしている山口文吉氏（このとき七十五歳）もお出でになった。朝鮮の農事試験場での私の父の思い出話になった。

「場長（私の父）のやり方は、土曜日も日曜日もなかった。アイデアが浮かぶと、日曜日であってもいきなり試験場へ招集がかかってくる。こちらはゆっくり休養でもしようとしているのに、あわてて出勤せねばならないという状態でした」

山口氏の朝鮮での思い出話は尽きなかった。

奥様の手料理の昼食をご馳走になり、一休みしたあと、父の遺稿などが置いてある二階の落合秀男さんの仕事部屋に、山口氏と共に案内していただく。

二階に上がると落合さんは、傍らにあった酸素吸入器をすぐに両鼻に差し込み、「ぶざまな格好で申し訳ないが、少し息苦しいので……」と言われた。それでも休み休みしながら、私の質問に答え、自分の考えを述べたりされた。

机上には、懐かしい父の遺稿が、一つ一つ表紙を付けられて、うずたかく積み重ねてあった。二十年前に福岡県の私の自宅から落合さん宛に送ったものである。その傍らには、遺稿を清書した四〇〇字詰原稿用紙が、これも項目ごとに表題が書かれた表紙を付けられて一冊一冊綴じられて、積み重ねてあった。それらのどの分冊にも、落合さんの手で書かれたたくさんの付箋が貼付されていた。

酸素吸入器をはずされて自宅の書斎で写真の人となられた落合秀男さん（80歳，1988年１月18日）

父の遺稿が落合さんや落合さんの知人の手で清書されて、

整理が進められていることが分かった。目の当たりに父の遺稿を見たとき、私は安堵感と、落合秀男さんに対する感謝の気持ちで一杯になった。

山口文吉氏も、自宅から持って来たという四〇〇字詰め原稿用紙のひと綴りを私に見せ、「私も及ばずながら、あなたのお父さんの原稿を、こうして清書しながら勉強させていただいています」と謙虚に言われた。

私は、自宅を出る前からずっと気にかかっている一つの疑問を落合さんにぶつけてみた。

「お手紙によれば、落合さんは、祖父に当たられる落合直文氏の評伝を整理されていられるということですが、父の遺稿の整理についてどのようにお考えでしょうか」

すると、落合さんは即座に答えられた。

「ご覧の通り、あなたのお父さんのご遺稿の整理もやっております。つまり、両方を同時進行の形でやっていますのでご安心ください」

きっぱりとおっしゃるので、私はその言葉を信ずるしかなかった。

ただし、「題名は『高橋昇・朝鮮半島の農法と農民』落合秀男・山口文吉編にしたい」という。山口文吉氏も手伝うようになったので、このようになったのであろう。

落合秀男さんは苦しい息をついて、言葉を続けた。

「これが完成したら、韓国の大統領と北朝鮮の金日成《キムイルソン》に、それぞれ一冊ずつ寄贈したい」

このような、私にとってはもう雲の上のような話を聞きながら、私の心に新しい不安がふくらんできた。落合秀男さんは、すでに八十歳のご高齢だ。しかもそのうえ、重い持病を患っていらっしゃる。大丈夫だろうか。

現実となった不安

その不安は翌年の一九八九年（平成元年）、現実のものとなった。

五月十九日の昼近く、落合秀男さんの姪御さんと言われる方から自宅に電話がかかってきた。

「突然お電話して申し訳ありませんが、私の叔父にあたる落合秀男が、去る五月十六日に、急性肺炎で死亡いたしました。告別式は五月二十六日に行われます」

用件だけを伝える、ごく短い電話であった。

姪御さんからの電話を切った途端、私の脳裡を駆け巡ったものは、二十年もの長い間落合さん宅に預けっぱなしになっている父の遺稿のことである。

その前の年一月、東京で落合秀男さんにお会いしたとき、落合さんは酸素吸入器の管を両方の鼻孔に挿入し、息苦しそうに私と話をされていた。そのときも、預かっている父の遺稿をお返ししたいとはおっしゃらなかった。最後まで自分で完成したいと考えていらっしゃったのだろう。しかし、こうなった以上、一日も早く私の手元に戻していただき、その後の処置については、私なりに考えてみたい。このようなことで頭が一杯になった。

その日の午後、私は非常勤講師として勤務している私立高校での授業を済ませ、自宅から東京の落合さん宅に電話した。

電話口に出られた奥様にお悔やみを申し上げ、告別式には是非ともお参りさせていただきたい、と告別式の場所や時間を尋ねた。奥様は言葉少なに、

「中目黒で下車されますと、徒歩で三分間くらいのところに、実相会館というお寺がございます。そちらで午後二時から行われます」

と告げられた。

二十五日の昼過ぎ、私が東京に着いたときから、落合秀男さんの死を悲しむかのように、雨がさめざめと降り続いていた。

翌二十六日、私は午後二時から中目黒の正覚寺実相会館で行われる故落合秀男さんの告別式に参列した。昨夜から降り続いている雨は、ますます激しさを増している。昨日、

ひと通り下見をしていたので、式場には迷うことなく定刻より早目に着いた。入口の受付用のテントは雨に叩かれ、まだ参詣人もまばらであった。

山口文吉氏の姿が見えた。間もなくやって来た南　侃《みなみただし》氏を山口氏が紹介された。南氏も、落合さんのよき相談相手として遺稿出版の話し合いなどをされていたらしい。

実相会館には約二〇〇名が参列、四、五名の方が代わる代わる遺影の前に立たれて、お別れの言葉を述べ、そのあと弔電が紹介され、約一時間で式が終わった。

福岡県の自宅に帰り着いた翌日、私は落合秀男さんの奥様の落合亮さんに手紙を書いた。

父の遺稿に対しての長い年月にわたる落合秀男さんのご苦労の数々に対して、丁重なお礼と感謝を述べ、これまで二十年間もの長い間、落合さん宅に預けたままになっている父の遺稿を、落合さんが逝去されたいま、再び私の手元に返却していただくための手紙である。さらに、自分は現在、私立高校に非常勤で勤務しているので、どうしても夏休みのような長期休暇のときでないと時間がとれない。だから、長期休暇になってから、父の遺稿を受け取りにお伺いしたい旨を書いて投函した。

数日後、落合周太郎という方から電話がかかってきた。

「八月四日に関係者が集まり、遺稿引渡しの日程を話し合うので、決まったら連絡する」との電話であった。

落合周太郎さんは、落合秀男さんが亡くなったとき、最初に私の家にご逝去の連絡の電話をかけてこられた落合さんの姪御さんの息子さんで、落合秀男さん夫妻に嫡子がいなかったので、落合家の養子になった方である。このころまだ大学生だったように思う。

八月四日の夕方、再び周太郎さんから電話で、

「東京のほうは、八月十七日から十九日の間が都合がいいようですが」

と都合を聞いてきた。八月十七日以降はお盆も過ぎ、学校も休みで自分としては最適の日である。十七日の午後二時ごろ訪問することを約束した。

今回の東京行きは夜汽車と決め、十六日の午後五時すぎに博多発の特急「あさかぜ」に乗り込んだ私は、不慣れな寝台列車で眠れないまま、翌十七日の午前十時三十分に東京駅に着いた。それから山手線に乗って目黒駅に行き、予約しておいた宿泊先の「ホテル・ワトソン」へと向かった。午前中だったが、しばらく部屋で休憩したあと、昼食を済ませてホテルを出た。

落合さん宅を訪問するのは、昨年一月以来である。前回は奥様が迎えに来ていただいたので問題はなかったが、今回は全然方角が分からず、近くの交番に訪ねてから訪問した。

当日午後一時三十分ごろ落合さん宅に着き、山口文吉さん、南侃さん、それに落合亮さん、落合周太郎さんなどと挨拶を済ませて案内された部屋に入ると、部屋の中には、父の原稿や朝鮮地図、書籍、写真などが所狭しと積み重ねてあった。

私は、二十年前、落合秀男さん自身が作成された十一枚綴りの父の遺稿・資料目録を持参して来ていたので、それを広げて最初の項目から一つ一つ現物と照合していった。山口文吉さんも私の傍らに座って、照合に協力してくださった。ほかの方々は、照合し終わった父の遺稿や遺品などを次々と片づけ、新しいものを一つ一つ私の前に持って来られた。

長い時間をかけて、目の前にあった原稿や地図、写真、書籍などの照合が一通り終了した。目録を見ると、まだチェックしていない項目が三分の一ほど残っており、みんなが総出で捜し、やっと三分の一の遺稿が屋根裏に保管されているのが見つかる一幕もあった。午後七時過ぎまでかかって、すべての遺稿、遺品の照合をなし終えたのである。

最後に、山口文吉さんから、

「落合さんの了解を得て、遺稿の中の論文『朝鮮の主要作物の作付方式と土地利用』を自分なりに研究しているが、もう少しで終わるので、この論文と、これに関連のある朝鮮地図をしばらく貸してほしい」

遺稿引継ぎのための点検終了後，落合氏宅にて関係者一同記念撮影。左より南佩氏，落合周太郎氏，山口文吉氏，落合夫人，姪の伊藤泰子氏（1989年８月17日）

と熱心に懇請され、その論文と「朝鮮大地図」をしばらく預けることにした。

点検が終わり、落合夫人手料理の、おそい夕食をご馳走になったが、夕食前、記念写真を撮るために部屋の床の間の前に並んだとき、それまで部屋の一隅にうずくまっていた一匹の三毛猫が、「ニャー」と鳴いて夫人の膝の上に這い上がり、みんなと一緒に写真に写ったのが印象に残っている。

希望の光を求めて

暗中模索

一九八九年（平成元年）八月二十一日の午後、宅急便でダンボール箱が届いた。送り主は「落合亮」。落合秀男さんの奥様からである。八月十七日、東京の落合さん宅で、遺稿目録と照合しながら確認した父の遺稿や遺品である。ダンボール箱は全部で六個あった。

私はこれらのダンボール箱を、一個一個、玄関から二階の座敷に抱えて持っていき開けてみた。送られてきたのは、父の遺稿や遺品だけでなく、遺稿原文を落合さんが知人に依頼して克明に清書されている四〇〇字詰めの清書原稿用紙まで、分冊になって一緒に送られてきている。私はこれらをダンボールから取り出して座敷一杯に広げてみた。

二十年前、古い柳行李の中にあふれんばかりに、ぎっしりと詰められていた遺稿を前にして、困惑していたことを思い出した。あのときは、柳行李の中に雑然と詰め込まれていて、何がどうなっているのか皆目見当がつかなかった遺稿。それがいまや落合秀男さんの手によって、項目別に分類され、それぞれに分厚い表紙が付けられ、整然と綴じられて戻ってきたのである。落合秀男さんに預けてから二十年という歳月が経過したと

宅急便で落合さん宅より送られてきた遺稿。ダンボール箱から取り出して座敷に広げてみる（1989年８月21日）

はいえ、その間の落合さんのご苦労を思えば、頭を垂れる思いであった。

こうして落合さんのお骨折りで、遺稿を発見した当時の状況よりも一歩も二歩も前進してはいたが、最終目標の「遺稿出版」までには、まだまだ前途遼遠であった。

座敷一杯に広げられた父の原稿や書籍、朝鮮地図、写真、さまざまな調査資料、研究データ。それらの膨大な学術資料を目前にして、私は再び重い荷物を背負ったように、大きなため息をついた。そして、ゆっくりと考えてみた。

父の形見とも言うべきこの学術資料。世の役に立つものならば出版して多くの方々に活用していただきたい。そうでないならば、父の多年の労作の証しとして私の手元に永久に保存しておきたい。この二者択一を迫られ、私はさしあたり出版の可能性を探りつつ、遺稿の学問的価値については専門家の意見を仰いでみようという結論に達した。落合秀男さんは、父とは主従の関係があるから、父の遺稿を高く評価されたのではないか。ほかの第三者の専門家の方々の評価はどうであろうか。

このように思い至った私は、遺稿引取りのため東京の落合さん宅に出向いた際、落合亮さんから紹介していただいた未來社の社長西谷能雄氏に、遺稿出版の可否についての伺いの手紙を書いた。八月二十五日のことであった。

そのころ、私と同じ高校教師のK氏が、福岡市に本社のある「葦書房」という出版社から本を出すという話を耳にした。この話から葦書房の存在を知り、早速、電話をした。社長の久本三多さんが電話に出たので、父の遺稿の概要について手短に話したところ、

「とりあえず遺稿目録でもあれば、それをコピーしてお送りください」

ということだったので、手元にあった十一枚綴りの遺稿目録をコピーして送付した。

そうしているうちに九月四日、未來社の田口英治という方から電話がかかってきた。

「西谷能雄社長から、あなたのお父さんの遺稿のことについて話は聞いていましたが、昨今の出版界は厳しく、とくに学術関係の書物は需要が少ないので、なかなか採算がと

れにくく、あらかじめ四〇〇部か五〇〇部の予約がないと、こちらとしても出版を引き受けにくい状況です。高橋さんのほうで、知人などがおられたら、一人でも二人でも予約をとっておいてくださいませんでしょうか」

父と同じ農学方面に進んでいなかった私にとっては、その関係の知人はなく、予約をとることなどとてもできなかった。

田口さんの電話によって、いまのままでは未來社が出版を引き受けてくれる状況でないことが分かった。眼前に大きな岸壁が立ちはだかったようだった。私は気が重くなるのをどうしようもなかった。

それから四日後の九月八日、遺稿目録のコピーを送付しておいた葦書房の久本三多社長から電話がかかってきて、貴宅にお伺いして遺稿原文を拝見したい、ということだった。

九日の午後、私は自家用車で八女市西鉄バス停留所に久本三多氏を迎えに行き、自宅に案内した。二階の座敷一杯に広げたままにしている父の遺稿の一冊一冊を手に取った久本氏は、一枚一枚とページをめくりながら見ていた。「平安北道」の分冊を手に取り、旅館や農民の家庭における食膳の配置図があるのに目を止め、

「これなど、いまの北朝鮮では垂涎ものでしょうね」

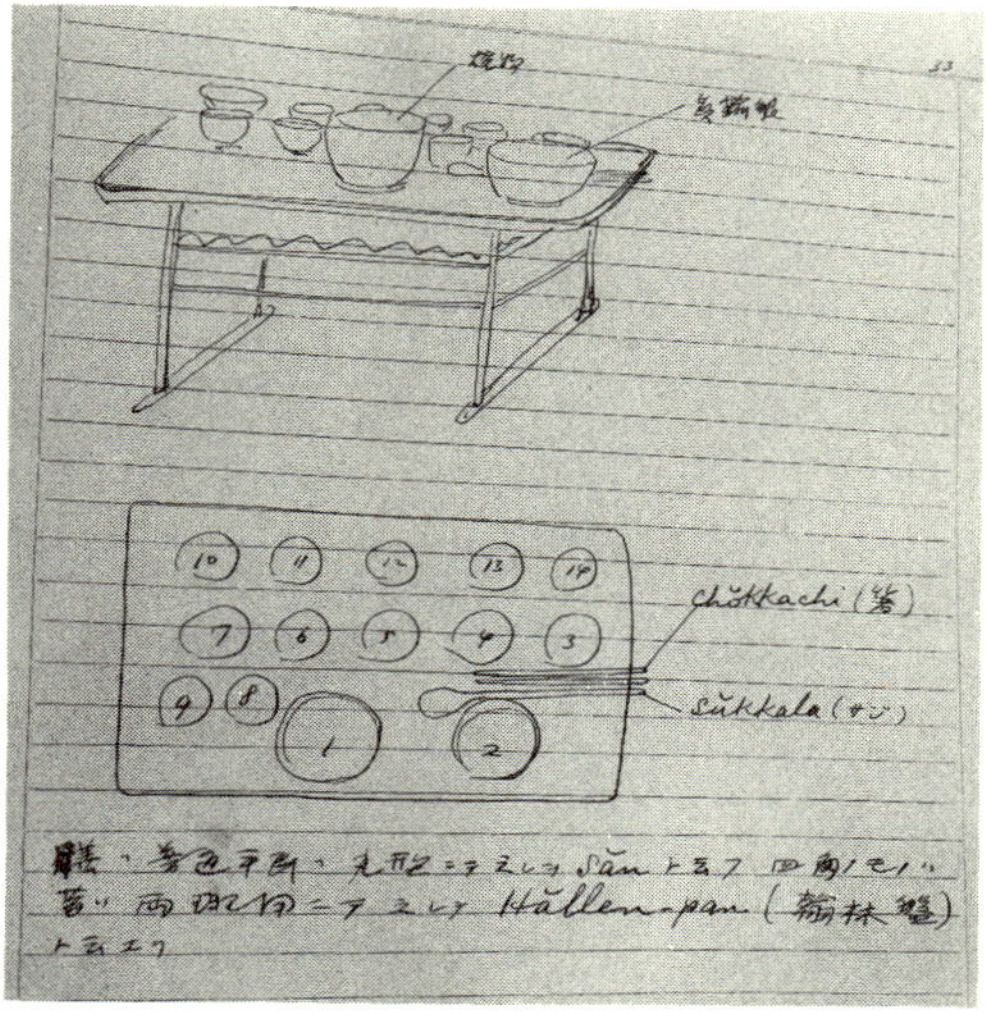

平安道平壌における慶興旅館
での食膳（1940年10月27日）

とつぶやいていられた。

私の自家用車で久留米駅まで送って行ったが、別れぎわに、

「考えてみましょう」

とおっしゃった久本社長の言葉に、私は一縷の希望をつないだ。

しかし、久本社長からは何の連絡もなかった。十日ぐらい経って、こちらから電話をしてみた。久本社長は在社していた。

「先日は大変お世話になりました。返事が遅れて申し訳ありません。実は、いま葦書房が進めている二つの大きな仕事がありますので、現時点ではあなたのお父さんの遺稿出版は、ちょっと無理のようです」

その大きな仕事の一つに「台湾に関する出版物」があります、とも付け加えた。ここでまた希望の糸が切れてしまった。

しかし、何としてでも専門家の評価を得て出版したい。私の思いはそれだけである。

そうしなければ、父も成仏できないのではないだろうか。

閉ざされた希望

そのころよく父の夢を見るようになっていた。

遠い北のほうの大陸で、父が机に向かってペンを握り、一生懸命何かを筆記し続けている。私が声をかけると、こちらを振り向いて寂しそうな顔をして、何かを私に訴えたいような素振りをして、じっと私を見ている。

目が覚めるまで、その父の姿が現実に実在しているかのごとく、まざまざと眼前に現れてくるのである。目が覚めてもしばらくは、

「父はどこかで生きているのだ」

という潜在意識から抜け出ることができなかった。目が覚めて寝床の上に起き上がり、やっと現実に戻っても、

「父は確かに死んだのか」

という不確かな思いから、しばらくは覚めなかった。このような夢を何度も見るようになった。夢から覚めたあとは、油然と沸き上がってくる焦りの気持ちにさいなまれる

のだ。

「一日も早く、父の遺稿に日の目を見せなければならない」

遺稿出版のためには、藁にもすがりたい必死の願望から、私は自分でも考えられないような大胆な行動をとった。

西日本新聞社にも出版部があり、いろいろな書物を出版している。そのことを知った私は、矢も盾もたまらなくなって、同新聞社の出版部長吉里哲夫氏に直接電話をして遺稿についての概要を手短に話した。九月二十五日のことであった。

「とにかく資料を送ってください」

という返事をいただき、簡単な経過を書いて、十一枚綴りの遺稿目録をコピーして吉里氏に送付した。

それから一週間ほど待ったが、吉里氏からは何の連絡もなかったので、西日本新聞社の出版部に電話してみた。

吉里出版部長が電話口に出て連絡がとれたので、その日の午後、私は福岡市中央区天神にある西日本新聞社を訪れ、吉里出版部長とじきじきにお会いすることができた。

持参した遺稿原稿の一冊である「平安北道実態調査」を吉里部長の前に差し出す。一枚一枚とめくりながら目を通したあと、吉里部長はこう言われた。

「この原稿はきわめて専門的に書かれており、学術的内容の深いものですので、農業試験場や農林水産省あたりの専門の方に見てもらわれたほうがいいと思います。新聞社の出版部としては、ちょっと取り扱いかねる内容ですね」

何らかの朗報を期待していた私はがっかりした。しかし、丁寧にお礼の言葉を述べて、肩を落として出版部をあとにした。

街は初秋の気配が感じられ、路上にあふれる人々は男も女も笑いさざめきながら私の面前を足早に通り過ぎて行く。しかし、希望を閉ざされた私にとって、これらの人々は無縁の存在であった。

一言を頼りに

十月十一日、先日の吉里出版部長の助言にヒントを得た私は、農林水産省九州農業試験場の場長に、父の遺稿を見ていただくことにした。この試験場は、私が在住している八女市に隣接した筑後市にあり、車で二十分ぐらいで行けるところである。

来訪の予告なしに訪ねて、試験場の本館の裏のほうに並んでいる公舎を探し出した。向居彰夫場長は赴任直後で、公舎の中で慌ただしく荷物の整理や運搬などをして、ゆっくり話ができる状態ではなかった。名刺と遺稿目録だけを向居場長に手渡した。聞いたところによると、前任の場長が急死、急遽、向居氏が場長に就任。引越しや事務引継ぎに多忙を極めていたということであった。

それから二、三カ月後の十二月も終わりごろ、今度はあらかじめ電話をしておいて、再び農林水産省九州農業試験場本館の場長室に直接出向いて行った。

場長室で向居場長に会い、手渡しておいた遺稿目録を中心に話を進める。まず、これまでの経過を手短に話し、父の遺稿が出版に値するものかどうか、出版するには、どのような具体的方法があるのか、などを尋ねた。

向居場長は、静かに口を開いた。

「ご存じと思いますが、『農学』といっても非常に分野が広く、実に多方面にわたって研究調査がなされています。遺稿の中身もその中のひとつの分野にすぎません。その内容を理解できる方がいられないかと、あなたからお預かりした遺稿目録をコピーして、東京の農業総合研究所にも送付して依頼しておきました。すると総合研究所からは、最近アジア経済研究所から福岡県の久留米大学経済学部の教授に赴任された、桜井浩先生を推薦してきました。そこで私から桜井先生に、あなたのお父さんの遺稿の件について話しましたところ、桜井先生も関心を示され、是非、遺稿を拝見したいという意向のようでしたので、今日明日のうちにお電話されたらいいと思います」

実に好意のうかがえる話であった。さらに向居場長は続けた。

「九州農業試験場としても、遺稿のことは考えてみたいと思います」

私は、向居場長のご好意に対して懇ろに謝辞を述べて、場長室をあとにした。しかし、この段階では、遺稿出版については、まだまだ何とも言えない状態であった。

翌日、八女市から約二〇キロ足らずの距離にある久留米大学経済学部の桜井浩先生に電話をした。

「是非、拝見させていただきたいと思います。私のほうの都合を調べてお伺いする日時を、後日、電話でお知らせいたします」

ということだった。

それから数日経ったころ、九州農業試験場の企画室長である佐藤徹と言われる方から電話があった。

「あなたのお父さんの遺稿の件については、向居場長からお話を伺いました。私たちの先達に、このようなすぐれた業績を残した方が、こんなに近くにおられるとは思いもかけませんでした。遺稿については場長とも相談のうえ、次のようにしたいと思います。あなたのお父さんの遺稿そのものをコピーすることはやめて、落合さんが知人を介して清書された原稿のほうを、九州農試でコピーし、九州農試の図書館の一隅に『高橋昇コーナー』として保管しておきます。それを、桜井浩先生が一時借り出されてご覧になられ、出版という段取りに持っていかれたらどうだろうかと考えています。そして、後日桜井先生がその清書原稿のコピーを返却されたあとは、『高橋昇コーナー』に再び保管し、来場される方々に開放して、積極的に活用していただくようにしたいと考えていますが、いかがでしょうか」

私としては異存はなかった。

しかし、筑後市の九州農業試験場内に「高橋昇コーナー」を設けられるならば、遺稿の件については、できるだけ多くの人々に知ってもらったほうがいいのではないだろうか。そのように考えた私は、年が明けた一九九〇年（平成二年）の正月早々に、西日本新聞社の八女支局に電話し、鈴鹿浩支局長に遺稿の件について記事にしていただけないか、頼んだ。

一月五日になって鈴鹿支局長が私の家を訪れ、遺稿目録を見たあと、二階の座敷一杯に広げている遺稿を写真に撮って帰られた。しかし、このとき鈴鹿支局長が言うには、この遺稿についての専門家の評価を聞かなければ、新聞記事にはできないということだった。

そこで一月十一日、鈴鹿支局長と一緒に九州農業試験場を訪問した。向居場長は急用で佐賀まで行かねばならないということで、企画室長の佐藤徹氏と会い、二人を私の自家用車で家まで案内した。

二階の座敷一杯に広げられている遺稿を見た佐藤室長は、あまりにも膨大な資料に驚いていたようだった。しかし、新聞に掲載するなら久留米大学の桜井浩先生にも見てもらったほうがよかろう、と言われ、鈴鹿支局長も、

「できるだけ多くの専門家の評価を得たほうが記事にしやすいので、そのほうがいいでしょう」

と言われた。

結局、新聞記事にしていただくためには、父の遺稿について複数の専門家に見ていただいて、その評価を得ることが先決であると、私は判断した。

そこでまず、久留米大学の桜井浩教授に都合のよい日をお尋ねし、一月二十一日の午後ならよいとの返事を得た。その旨を九州農業試験場の佐藤室長に伝え、向居場長と佐藤室長の二人にその日の午後二時に来ていただくことになった。

これらのことを鈴鹿支局長に連絡しておいたが、当日の朝になって、鈴鹿支局長から電話があった。

「緊急取材に出かけなければならなくなり、そちらに行けなくなった。向居場長や桜井先生に、遺稿に対するコメントをお願いし、あとで支局宛に送ってほしい」

と頼まれた。

その日、私は自家用車で久留米大学まで行き、桜井浩先生を車に乗せて自宅まで来ていただいた。しばらくして、向居場長と佐藤室長がお出でになった。私は三人を二階に案内した。向居場長と桜井先生が、父の遺稿を見るのは初めてである。

三人とも遺稿などを一冊一冊見て、一時間ぐらいして、向居場長と佐藤室長は、営農実態調査が清書されている原稿用紙約四〇〇〇枚を九州農業試験場でコピーするために、持参のダンボール箱に入れて持って帰られた。

あとに残った桜井先生は、遺稿だけでなく、父が撮った朝鮮農具の写真や朝鮮半島の気象分布図などを丁寧に見て、

「なかなか貴重なものばかりですね」

とつぶやいていられた。

翌日、桜井先生の研究室に出向き、西日本新聞社から依頼されていた原稿をいただく。

そのさい私は、桜井先生に未來社についても尋ねてみた。

「落合秀男さんの奥様の紹介で、父の遺稿出版を東京の未來社という出版社にお願い

しましたが、今のところあまりいい返事はいただいていません。未來社という出版社は、私は初めて聞く名前ですが、先生はご存じでしょうか」

「よく知っています。未來社は派手ではないですが、堅実な出版社です。出版している書物も学術的な書物が多く、もしここで出版を引き受けてくれるなら、遺稿出版には最適なところだと思います」

さらに桜井先生は、次のようなことも付け加えられた。

「あなたのお父さんの遺稿内容に興味を示されるだろうと思われる人を、一人知っています。現在、東京大学の東洋文化研究所教授をされている宮嶋博史という方です。東京に住んでいられますが、この宮嶋先生なら、多分福岡県のあなたの家まで、遠路をもいとわずに遺稿を見に来られるでしょう。それだけ熱心で、真面目な方です。あなたさえよければ、宮嶋先生に私から遺稿の件を話しておいてもいいですよ」

その方面に皆無というほど知人を持たない私にとっては、願ってもないことであった。

「是非お願いいたします」

私は頭を下げた。

遺稿の価値

一月下旬、向居場長のコメントが郵送されてきたので、桜井先生のものと一緒に、西日本新聞八女支局に持って行って鈴鹿支局長に預けた。

二月十五日、遺稿に関する記事が「西日本新聞」の夕刊に、「世界的にも貴重、八女の故高橋さんがまとめた朝鮮半島の農業実態調査資料」という見出しで次のように掲載された。

八女市津江、元八女高校教諭、高橋甲四郎さん宅に保管されている高橋さんの父昇さん＝昭和二十一年、五十五歳で死去＝が、大正八年から昭和二十年にかけ赴任先の朝鮮半島の農業実態を克明に記録した資料が、九州農業試験場（向居彰夫場長）や韓国事情に詳しい久留米大・桜井浩教授らの調査で、世界的にも貴重な農業資料である事がわかった。同試験場では資料をコピーして資料室に保管。専門家、研究者のほか海外留学生などに大いに活用して欲しいとPR。高橋さんも「専門家の協力を得て、父の遺稿をぜひ本にしたい」と整理を始めている。

この資料は、旧朝鮮総督府農事試験場西鮮支場長で農学博士だった昇さんが、仕事、日常生活を通じて書き留めた未発表の研究データで、原稿用紙で約一万四千枚に上る。終戦直後の昭和二十一年、八女市（当時福島町）に引き揚げたとき、知人などに持ち運びを頼んでミカン箱三箱分の資料を持ち帰ったという。

しかし、昇さんは間もなく病気で死亡。高橋さんは父の遺稿を何とか農業研究の役に立てたいと、四十年ごろ、昇さんの朝鮮時代の部下で、当時農林省に勤めていた落合秀男さんに資料を送って整理を依頼した。

落合さんは以来二十年の歳月をかけ、昇さんの原稿を丹念に書写。項目別に原稿、写真などを整理。「高橋昇・朝鮮半島の農法と農民」と題して出版する計画だったが、落合さんも発刊を待たずに昨夏八十一歳で亡くなった。

落合さんの努力でこれまでに整理された資料は原稿用紙約一万一千八百枚、写真千四百九十五枚、図二百八十二枚、地図二百六十枚、写真原板五百七枚など。朝鮮半島の①農業実態②土地利用と作付方式③農具調査④農民の生活――などがときに日記風に詳しく写真、図解、地図付きで記録されている。

北は白頭山、南は済州島まで十余年かけた聞き書き調査は、農業実態だけでなく農家の食生活、風俗習慣にまで及び、九州農試もまたとない貴重な記録と評価。

「農業が中国や東南アジアからどんなルートで日本へ渡来したかを知る参考になる」という。

桜井教授は「朝鮮全土にわたる調査記録は、貴重な事はもちろん、高橋さんが実験室での仕事から農家に飛び込んで謙虚に教えを受けた姿勢がこの調査を成功させたと思う。何とか本の形にして多くの人が利用できるようにしたい」と話している。

父の遺稿の存在と、遺稿についての高い評価が報じられたのはうれしいことであった。しかし、どんなに新聞で大々的に報道されたとしても、最終目標である「遺稿出版」までには、まだまだ遠い道のりがあった。

待ちに待った朗報

私は、遺稿出版の可否について問い合わせる次の書簡を、この新聞記事のコピーと一緒に、再度、東京の未來社に送った。

「遺稿出版について、再度お願いしたいと思いますが、ご参考のために、遺稿に関する新聞記事をコピーして同封しておきましたので、ご覧いただいたうえ、お返事をお待ちいたします」

一週間後の二月二十三日午前十時ごろ、突然、未來社の田口英治さんから電話があった。

「出版を引き受けてもよい。ついては見積りをしたいので、遺稿の一部をコピーでもよいから送ってもらいたい。また、京都大学名誉教授の飯沼二郎先生と二人で貴宅にお伺いし、遺稿を拝見したい。飯沼二郎先生は農業経済が専門の方である。貴宅にお伺いする日時は追って連絡をする」

という趣旨であった。

受話器を置いた私は、思わず快哉《かいや》を叫んだ。待ちに待った朗報である。飛び上がりたい気持ちであった。「天にも昇りたい気持ち」とは、このような状態を表す言葉であろう。

八方ふさがりの真っ暗やみの中に、まぶしい希望の光が差してきたのである。

寒かった冬もようやく去ってゆき、河岸の菜の花が黄色のつぼみを開き始めてきた。私は隣町に埋葬している父の墓所に出向いて行き、墓前ぬかずき手を合わせ、報告をした。

「おやじ、あなたの残された研究調査資料に、やっと日の目が当たるめどがついてきました。喜んでください」

周囲の竹やぶが、初春の青い空に向かって、さわさわと音を立ててゆれていた。

出版への胎動

飯沼先生との出会い

一九九〇年（平成二年）四月になって、未來社の田口英治さんから、待望の電話がかかってきた。

「あなたのお父さんの遺稿について、五月中旬に飯沼二郎先生と二人で貴宅にお伺いしますので、その節はよろしくお願い致します」

いよいよ具体的な話になってきた。私は緊張して答えた。

「分かりました。ところで、お二人とも私はお顔を存じませんので、来宅される前にあなたの顔写真を送ってください。私の写真は今日明日中にお送りいたします」

「承知しました。写真はできるだけ早くお送り致します。具体的日時は、飯沼先生のご都合もありますので、先生と打ち合わせて後にお返事いたします」

こんなやり取りがあって、四月下旬になって、田口さんから再び電話があった。

「飯沼二郎先生と相談の結果、五月十五日と十六日、八女市に滞在して、貴宅で遺稿を拝見させていただきたいと思います」

五月十五日、新幹線で博多駅に着く二人を、私は駅まで迎えに行くことにした。

十五日十五時三十七分に、「ひかり」一五三号は、定刻通り博多駅の新幹線ホームに入って来た。

私は、田口さんの顔写真を手に持ち、打ち合わせておいた二号車の昇降口から乗り込み、中の様子を急いで見回した。すると、中央付近の座席から、すっくと立って両手を前の背もたれに置き、にこやかな笑顔でこちらを眺めていられる、背の高い方の姿が目に止まった。

「もしや、あの方が飯沼二郎先生ではなかろうか」

そう思いながら、ゆっくりと車内に入った。すると、その方の横から未來社の田口英治さんと思われる方がこちらに歩いて来られ、そのあとから背の高い方が続かれた。私は慌てて車外に降りてホームに出た。私は名刺を二人に差し出しながら挨拶をする。

「田口です」

田口さんも名刺を取り出して私に差し出された。

「こちらが、飯沼先生です」

田口さんが傍らの飯沼二郎先生を紹介される。飯沼先生は、「や」と軽く相づちを打たれた。

三人は、鹿児島本線下りの特急に乗り換えるために、新幹線ホームの階段を下りて行った。

私は、飯沼先生の荷物を持ってあげねばと思い、飯沼先生をあらためて見つめた。ノーネクタイのこざっぱりした服装、そこら付近をちょっと散歩して来るようないでたちである。手には何もお持ちになっていらっしゃらない。白くて平たい四角な布袋を右肩から引っ掛けておられるだけである。

「先生、お持ちいたしましょう」

と先生の肩のつり紐に手をかけると、

「いや、いい」

と、きっぱりと断られ、さっさと階段を下りて行かれる。

私たち三人は、再び階段を上がって在来線ホームに出て、しばらくしてやって来た下り特急「有明」十九号に乗車した。

特急は約三十分後、閑散とした羽犬塚駅に到着した。私は駅前の駐車場に預けておいた自家用車で、予約しておいた八女市内の中心街にあるプラザホテルに二人を案内した。一階からのエレベーターに乗って三階にある受付に行くと、蝶ネクタイに黒の背広を着ていた年若い男性従業員が、

「ここは、前金になっています」

と言うので、私が財布を取り出して二泊三日の二人分の宿泊費を支払おうとすると、飯沼先生が、私を押しのけるようにして、

「こちらから望んで遺稿を見せてもらうのだから、私の宿泊料は私が支払うのは当然です」

と言われた。私は慌てて、

「いいえ、いいえ、遺稿の調査を依頼したのは私のほうですから、ここはこちらにお任せください」

と、飯沼先生の申し出を強く断った。

田口さんが自分の荷物を部屋に置きに行かれる間、荷物のない飯沼先生と私は、フロントのロビーで椅子に腰掛けていた。しばらくして気になっていたことを飯沼先生に尋ねてみた。

「先生は最近、ご病気で入院されていらっしゃったとお聞きしていましたが、いまはご健康状態はいかがですか」

最初、未來社の田口さんから飯沼先生の名前を聞いたとき、私は早速飯沼先生の著書を書店で探した。『農業は再建できる』(ダイヤモンド社)という題の書物を購読した。

そして、その本の「まえがき」に、

「私事になるが、健康を害して入院した私に治療を施し、研究・執筆に復帰することを可能にして下さったお医者さん、看護婦さんに方に感謝する」

とあったので、そのことをお尋ねしたのである。

飯沼先生は、静かに答えられた。

「私は、あなたのお父さんと同じように、狭心症だったのです。しかし、いまの医学は非常に進んでいて、風船療法という方法で、ほとんど治ってしまいます」

飯沼先生の話は続く。

「これは足の股間の動脈から、小さな風船を心臓の冠状動脈の狭窄部分まで差し込み、その風船を膨らませて、狭くなった血管を広げる治療です。風船は膨らんでも一ミリからせいぜい四ミリまでですから、麻酔の注射がチクッとするくらいで、あとは麻酔のため全然痛みはありません。

あなたのお父さんも、現在までいられたら、この風船療法でお亡くなりにならなくてもよかったでしょうに……」

飯沼先生は、一見無口のように見えるが、なかなか話題が豊富で、話好きのようでもある。

田口さんが部屋から戻って来られたので、再度私の車に二人を乗せて、約十分足らずで自宅に着いた。

家では妻が座敷に三人分の夕食の支度をして待っていた。三人でビールでのどをうるおし夕食を始めたが、ここでも飯沼先生がいろいろな話を始められた。

「熊本県の農村を訪れたとき、……」

と、九州各県の農家の実態を、自分の体験を交えて、実に詳しく具体的に話をされる。先生独特のくぐもった口調である。難解な農業専門用語が次々と飛び出してくる。田口さんは傍らで、黙々と食事をしながら耳を傾けていられた。

食事が終わってから飯沼先生に、

「では、お父さんのご遺稿を見せていただきましょうか」

とうながされ、三人で遺稿を保管している二階に上がった。

遺稿調査

二階には、お二人が見やすいように、分冊になっている数十冊の遺稿を、あらかじめダンボールの中から取り出して座敷一杯に広げておいていた。飯沼先生はこれらを一冊ずつテーブルの上で一枚一枚開いて見ながら、乱雑に走り書きしてある父の原稿を、食い入るように読んでいられた。一、二時間ほどご覧になられたであろうか、

「では、明日また見せていただきましょう」

と言われ、田口さんと一緒に二階から降りて玄関を出られたので、私は車でホテルまで送って行った。午後九時を少し過ぎていた。

翌日、午前九時少し前に、プラザホテルに宿泊中の田口さんから、

「よかったら迎えに来てほしい」

と電話がかかってきた。

自家用車で迎えに行くと、二人はすでに出掛ける支度をして待っていられた。二人を乗せて自宅に戻り、二階の座敷に案内をする。前日座敷一杯に広げておいた遺稿や資料などは、すべて一応ダンボールの中に片づけておいた。

「今日はまず、農業実態調査から拝見したいと思いますが……」

二階に上がられるや、飯沼先生はこうおっしゃった。系統的に、「黄海道実態調査」、「全羅南北道実態調査」、「江原道実態調査」等々の厚い表紙で項目ごとに綴じられている遺稿を、ダンボール六個の中から次々と取り出して、飯沼先生の前のテーブルの上に

分冊ごとに綴じられた遺稿を次々とダンボールから取り出して飯沼二郎先生の前のテーブルの上に置いていった

置いていった。飯沼先生は、これらの原稿一枚一枚を丹念に開きながら、昨日と同じように熱心に読んでおられた。

田口さんも飯沼先生の横で、飯沼先生の説明に耳を傾けたり、ほかの資料などを一つ一つ手に取って見ていられた。

昼近くなり、遺稿調査をいったん中断して、一階の座敷で私を含めて三人で昼食をとることにした。飯沼先生は、昨日よりもやや興奮気味の様子だった。食事中、私にいろいろなことをお尋ねになった。

「あなたのお父さんは、朝鮮農民の間ではどのような方でしたか」

「ご家庭におけるお父さんは、どのようなお方でしたか」等々。

食事が終わるころ、私のほうから父が残し

たこの膨大な遺稿についての今後の処置についてお尋ねした。飯沼先生はきっぱりと言われた。

「学問というものは、万人の共有物でなければなりません。個人が独占すべきものではありません。ましてや、これを利用して売名行為に走るべきものでないことは、言うまでもありません」

飯沼先生のお話を聞いているうちに、私は旧制中学校時代に読んだ本の文句を思い出していた。岩波書店を創設した岩波茂雄氏が、岩波文庫を発刊するに際し、その発刊の趣旨を文庫本の巻末に、「読書子に寄す」と題して執筆している次の言葉である。

真理は万人に求められることを自ら欲し、芸術は万人によって愛されることを自ら望む。かつては民を愚昧ならしめるために学芸が最も狭き堂宇に閉鎖されたことがあった。今や知識と美とを特権階級の独占より奪い返すことはつねに進取的なる民衆の切実なる要求である。岩波文庫はこの要求に応じそれに励まされて生まれた。それは生命ある不朽の書を少数者の書斎と研究室とより解放して街頭にくまなく立たしめ民衆に伍せしめるであろう。

こうして岩波茂雄氏は、低廉で、誰でもたやすく手に入る「岩波文庫」を創設し、人類文化の遺産を広く民衆に解放されたのである。

この精神こそ、飯沼先生がおっしゃっていることではなかろうか。この「読者子に寄す」の文章は、数十年経ったいまでも私の脳裡にこびり付いて、鮮明に思い出すことができるのである。だからこそ、飯沼先生の一言一句が、短い言葉ながら、私の脳髄にスポンジが水を吸い上げるように染み込んでいったのである。

世界に一つしかない資料

昼食が終わってしばらく休憩して、三人は再び二階に上がった。

午前中にすでに実態調査を見られた飯沼先生は、満ち足りた顔を私に向けられ、

「さて、実態調査以外のものを見せていただきましょうか」

とおっしゃった。今度は「実態調査」以外の研究論文、「犂に関する研究」、「水田雑草に関する研究」、「稲作の歴史的発展過程（Ⅰ・Ⅱ・Ⅲ）」、「耒《タ》耜《ビ》考」等々（巻末「備考　高橋昇遺稿・資料目録」参照）を、飯沼先生の前のテーブルに積み重ねていった。

私は、非常勤講師をしている地元の私立高校に午後から出掛けねばならなかったので、

二人に失礼して、自宅から車で十分くらいの同校に向かった。

私の担当科目は数学である。この日は私にとって父の遺稿出版の計画が具体化されつつあるよき日であり、気持ちが晴れ晴れとしていたためか、教壇でも快適に授業が進められた。

楽しく授業を終えて、足どりも軽く自宅に帰ったのは午後四時ごろだった。すぐ二階に上がると、飯沼先生は積み上げられていた遺稿をほとんど見てしまわれて、横に置かれていた。その傍らで田口さんが、私の姿を見られるや、

「飯沼先生は、一枚一枚を実に丁寧に、熱心にご覧になっていられましたよ」

と感嘆していられた。

飯沼先生は、たくさんの遺稿の分冊の中から、表紙に「犂に関する研究」と書いてある一冊を取り出して私に見せ、

「この『犂に関する研究』は、極めて専門的に書かれており、よくまとまっているので、今回の出版に入りきらなかったら、後日、単行本として出版されたほうがいいでしょう」

と言われた。

こうして見終わられた飯沼先生は、いざ立ち上がろうとされたが、長らく座って閲覧

されていたために足がしびれたのか、なかなか立ちあがることができない。「うん、うん」と言われて、ゆっくりゆっくりと立ち上がられた。私は心配になって、

「大丈夫ですか」

と、声をかけると、

「大丈夫」

と、口をしっかり結んで答えられた。飯沼先生は足のしびれが治ったころ、私と田口さんに向かって、りんとした声でおっしゃった。

「まず、実態調査を発刊したい」

田口さんの「中に書いてある図はどうしましょうか」という質問に、

「図は原図のまま印刷したがよい。そのほうが味がある。校正も原文で行う！」

びしっとした声でおっしゃった。つまり、きれいに清書された原稿で校正をするのでなく、あくまで父の乱雑な走り書きの元原稿で校正を行い、図も模写されたものを印刷するのでなく、父の直筆の原図をそのまま印刷するということである。

聞いていて、なにか私の胸の奥からこみ上げてくるものがあった。そして、思わず心の中で叫んだ。

「さすがは飯沼二郎先生である。すごい！」

未來社でコピーするために、差し当たり遺稿原文の「実態調査」だけを田口さんが借りて持って行くことになった。

「『実態調査』全部を持って行きたいけれど、重たいので今日持って帰れるのは、せいぜい七冊ぐらいが限度でしょう」

こう言って、田口さんは七冊分を重ねて紐で結び、下げ袋に入れた。重さを手で量り、

「これくらいなら持って行けそうです」

すると、飯沼先生が、

「世界にたった一つしかない資料ですよ、しかも二度と調査することができない貴重な資料ですから、紛失しないように、注意して持って行ってくださいよ」

と、横から心配そうに言われた。

私の自宅に来られて、父の遺稿をご覧になられたときの感想を、飯沼先生はあとで、未來社が発行した『朝鮮半島の農法と農民』のPR用の「内容見本」の中で、次のように述べておられる。

ところが、突然、昨春(一九九〇)、未來社社長の西谷さんから、高橋昇氏のご遺族から遺稿出版の話がもちこまれてきたので、それが果たして出版に価するかど

うか、専門家の目で確かめてほしいというお話があった。編集長の田口英治氏と二人でお尋ねした福岡県八女市の昇氏の子息の高橋甲四郎家の広いお座敷一杯におかれていた資料は、予想を越えた膨大なもので、当時の朝鮮人農家の一戸一戸を綿密に調査した、今では全く得がたい資料であり、私は驚喜し昂奮した。（中略）

日帝下の朝鮮人は、ほとんど農民であった。ところが、当時の朝鮮農業の具体的な在り方を示す資料は、きわめて僅かで、しかも断片的なものに過ぎなかった。今回出版されるこの朝鮮全域にわたる資料は、農業はもちろん社会学・民俗学その他にとっても貴重であり、日帝下の朝鮮研究を画期的に推し進めることになるであろう。しかし、それだけではない。私は四十五年の農業研究の結果、昔からその地で行われてきた伝統に基づいて近代化すれば農業は必ず発展し、伝統を否定して近代化すれば農業は必ず衰退することを確信するが、この資料は、ただ単に過去の朝鮮農業の姿を具体的に知らせるばかりでなく、また、今後の韓国・朝鮮農業の真の近代化の基礎をも明らかにすることになるであろう。

私の決意

私は、二人をいったん八女プラザホテルにお送りした。

夕食は、最近新装なった「梅の茶店」という市内の和風料亭で、今後の出版の打ち合わせをしながらとろうということになった。

「梅の茶店」で、飯沼二郎先生、田口英治さんと私の三人で食事を始めて間もなく、かねて連絡をしておいた桜井浩先生が来られた。桜井教授は、もとアジア経済研究所に在勤されていた。

皆が揃ったところで、まず田口さんから編集委員のメンバーについての提案があった。

「編集委員は、飯沼二郎先生、桜井浩先生、東京大学東洋文化研究所教授の宮嶋博史先生、そして高橋甲四郎さんの四人ではいかがでしょうか」

同席の三名に異存はなかった。

「宮嶋君には私から話しておきましょう」

と、飯沼先生がおっしゃった。宮嶋博史先生は、飯沼先生の京都大学時代の教え子らしい。

「次に経費の問題に入ります」

と田口さん。

「これだけ膨大な原稿を印刷しても、学術書であるために、なかなか採算がとれないのではないかと思われます。それに、『農学』というと、特に需要が少なく、限られてくると思われます。そこで、何とかスポンサーを見つけたいと思いますが、どなたかお知り合いの方はいませんか」

田口さんが、今度は経費の面から問題を投げかけた。

「文部省が出版助成金でも出してくれればよいが、これは出版してからでないと出さないからね」

いままでの経験から、飯沼先生はこうつぶやいていられた。

「サントリー賞や読売賞をとれば、少しは出ると思われますが、これも出版してからでないと駄目ですね」

桜井先生も、いままで何冊か学術書を出版された経験から、このように言われる。

私は、このときひそかに考えた。

――いま、長らく埋もれていた父の遺稿が、日の目を見るかどうかの瀬戸際である。これが解決されねば、せっかくここまで来たのに、すべて水泡に帰してしまう。よし、自分がスポンサーになってやろう――

このように思い至ったとき、私は思い切って田口さんに言った。

「おやじの原稿の出版のことですから、子である私がスポンサーになりましょう」

出版作業の中断

飯沼二郎先生と田口英治さんとは、私の家で父の遺稿調査を終え、翌朝、羽犬塚駅から特急で帰られた。田口さんが借りて行かれた父の遺稿の残りは、できるだけ早く私の手元から未來社に送って、コピーしてもらわねばならない。

一週間後の五月二十四日は、私は勤務先の高校で中間考査が始まったため授業がなかった。私は朝から自宅で「営農実態調査」を中心とする残りの遺稿を、送付用ダンボール箱に詰める作業に取り掛かった。全部で三十数冊、原稿枚数にして四〇〇〇枚以上もあった。これらをダンボール箱に詰めるとき、お互いに痛まないように周囲を発砲スチロールで固定した。その発砲スチロールを購入するために、市内に探しに行ったりしたため、未來社宛に発送したのは、その日の夕方になってからであった。

それから三カ月後の八月二十四日、田口さんから「コピーが終了したので返送する」

という連絡があった。二、三日してダンボール箱に入った遺稿が、田口さんから返送されてきた。しかし、そのころ私は、勤務先の高校で夏季課外授業に追われていたため、返送されたダンボール箱は、そのまま開封せず二階の座敷に放置しておいた。これがあとで大きな問題を惹起《じやつき》することになる。

それからさらに三カ月後の十一月二十四日、未來社の西谷能雄社長の息子さんである西谷能英副社長から、ショッキングな電話がかかってきた。

「田口英治は去る十一月六日に、脳溢血で倒れ、現在入院中であるが、重態であり、当分出社できないようだから、あなたのお父さんの遺稿は私が預かっています」

この電話を追いかけるように、飯沼先生からのハガキが届いた。

「田口さんが倒れ、目下入院中ですので、出版の準備が頓挫しています。詳細については、西谷社長に問い合わせたあと、また御連絡致します」

明けて一九九一年（平成三年）一月七日、飯沼先生から年賀を兼ねて、再度私宛に次のような書簡が届いた。

「新年おめでとうございます。本年も宜しくお願い申し上げます。

御尊父、高橋昇氏の遺稿印刷のことにつき、未來社に問い合わせましたところ、唯今社長の西谷さんから電話で返事がありましたので、とりあえずお伝え申し上げます。

私と一緒に御たずね致しました田口編集長が、この企画の責任者になっていますが、昨秋、著作権の関係で早く出す必要のある約六〇〇ページの原稿を整理したあとに、高橋さんの原稿の整理にかかる予定をしていたところ、昨秋突然脳溢血になり入院してしまい、現在も入院中なので、この企画（原稿の整理）は、そのままストップして現在に至っています。未來社は、社員を増やすと非良心的な出版をしなければならないからと、二十人くらいに社員をおさえているので、編集部の一人一人がそれぞれ仕事の責任を持つという体制なので、その人が倒れると、他の人が代わってやるということが、なかなかできないのです。それで原稿もそのまま放置されている状態のようです。

それで一月中（できるだけ早く）に、私が未來社に行って原稿の整理をし、整理を済ませたものから順に印刷に入れるように致します。もうしばらくお待ち下さい」

つまり、未來社では一人一役制、すなわち一冊の書物を出版するのに、分業で行うのでなく、一人一人が一冊ずつ別々の書物の出版を受け持つようになっているらしい。そのため、担当者が休めばその人の受け持つ書物の出版は、その時点でストップしてしまうというのである。

田口さんが脳溢血で倒れた時点で、父の遺稿出版という作業がストップしてしまったのである。遠い九州にいる私としては、どうすることもできない。未來社のほうでは、取りあえず副社長である息子さんが、暫定的に遺稿を預かっていられるのだろう。とはいっても、当の責任者である田口さんの病気が回復しない限り、その出版作業はストップ状態のままのはずである。

私は、田口さんの病状回復をひたすら祈る以外に方法がなかった。

一月三十一日、飯沼先生から電話がかかってきた。

「昨日、東京の未來社に行って、原稿を整理してきました。これで未來社のほうも印刷にかかると思います」

田口さんが病で倒れ、遺稿の出版作業が中断されたままになっていることに胸を痛められた飯沼先生は、京都からわざわざ東京の未來社までお出かけになり、遺稿の整理をされたということである。

後日、未來社の西谷社長にお会いしたときに、こう言われた。

「飯沼二郎先生は、田口英治君が病で倒れたあと、あなたのお父さんの遺稿が心配になられて、東京の本社までお出でになられて、原稿を整理して行かれましたよ。非常に責任感のある方で、お会いになられたら、あなたからも飯沼先生によろしくおっしゃってください」

韓国文化研究振興財団について

飯沼先生が東京の未來社に原稿整理に行かれる直前の一月二十三日、久留米大学の桜井浩先生から電話があった。

「今回、韓国文化研究振興財団という法人財団が文部省から認可され、今年から助成金を募集していますので、応募されたらいかがですか。応募用紙は別封にて送付しておきました」

耳寄りの情報である。私は早速、飯沼先生にそのことを電話で問い合わせた。飯沼先生からも、

「自分もその財団には関係があり、今回の遺稿出版の件に関しては、財団の常任理事の方に話はしておりますが、あなたからも正式に応募しておいたほうがいいと思います」

と言われた。

桜井先生も飯沼先生も、今回の出版には巨額の経費負担が見込まれることを心配されるからこそ、このような情報を提供していただいたのだろう。

ここで、韓国文化研究振興財団について若干説明しておきたい。

この財団は、在日韓国人で実業家の韓昌祐《ハンチアンウ》という方が韓国と日本の相互理解と友好関係を促す文化事業のため、私財を投じて設立されたものである。

韓昌祐氏は、一九八八年（昭和六十三年）七月に在日韓国人学者や作家と相談して財団の設立に取りかかり、翌年四月、日本人学者数名にはかって「事業計画」を作成した。

事業計画としては、朝鮮半島の歴史、文化および日朝関係史に関して、次の三つの項目で優れたものに助成金を給付するというものである。

（一）研究（個人・団体）
（二）出版
（三）論文集の刊行

父の遺稿出版については、財団で認められるならば、（二）の出版助成金の給付が適用されるものと思われる。

また、設立当時の役員は次の通りである。

理事長　韓　昌　祐　マルハンコーポレーション代表取締役社長
常任理事　旗田　巍《たかし》　東京都立大学名誉教授
常任理事　李《イ》　進《ジン》　熙《ヒ》　明治・和光大学非常勤講師

理事　内田　健三　　法政大学教授
理事　西谷　正　　九州大学教授
理事　李《イ》　承《スン》　牧《モク》　　統一日報社長兼主幹
理事　鈴木　喜和　　マルハンコーポレーション代表取締役副社長
理事　徐《ソ》　龍《ヨン》　達《ダル》　　桃山学院大学教授
理事　前野　利明　　公認会計士

理事会は韓国人と日本人の半々で構成され、財団が運営されることになっている。一九九〇年十二月十九日付きで財団法人として文部省から正式に認可された。

私は、桜井先生から送っていただいた財団からの応募の申請書と付則資料を、午前中かかって書き上げ、不適切な個所をチェックしていただくために、再び桜井先生に返送した。翌朝、桜井先生はその申請書を持って、わざわざ私の家までお出でになられ、記述の不十分なところを説明してくださった。私は桜井先生の指示にしたがって修正、その日の午後、東京の韓国文化研究振興財団宛に発送した。

二月二日、勤務先から帰って来ると、妻が飯沼先生から電話がかかっていたという。こちらから電話してみたところ、電話口に出られた飯沼先生から、

「先日お話していました出版助成金の件で、常任理事の李進熙さんに電話してみまし

たら、今回は第一回の募集だった関係からか応募数も多かったが、高橋昇さんの遺稿内容も優れているので、考えておきましょうという返事でした」

ということだった。

それから四日後の二月六日、田口英治さんからの手紙が届いた。急いで開けてみると、

「お蔭様で、私のその後の病状も思ったほど重くはならず、順調に回復に向かい、ただいまリハビリのために通院しながら未來社に出勤していますので、他事ながら御安心ください。

つきましては、去る一月二十九日に飯沼二郎先生が未來社にお出でになられ、あなたから預かった遺稿のコピーを整理して行かれました。そのとき、飯沼先生は印刷の手順の構想を示されていましたので、それをコピーしてお送り致します。これについて御意見がありましたら、早急にお知らせください」

と書いてあり、印刷手順が同封されていた。私としては異論はない。田口さんの元気なお便りをいただいて、

――本当によかった、よかった。しかし、田口さんも病後のことではあるし、ご無理されないように、そろそろと仕事を進めてください――

私は心の中で祈り、手紙を閉じた。

第一回の出版助成金を授与

二月二十日午後十一時過ぎ、早寝の私が床についてうとうとしていたら、枕元の電話機が鳴った。電話は飯沼先生からであった。

「夜分遅く済みませんが、実は韓国文化研究振興財団が、出版助成金として、今回の遺稿出版のために一〇〇万円給付することに、決定致しました。三月十三日の午後五時から、京都グランドホテルで助成金の授与式があるとのことですので出席してください。正式な通知は後日、財団のほうからあなたにあると思います」

飯沼先生は一刻も早くこのことを私に知らせようと、深夜にもかかわらず電話連絡をされたのであろう。私も眠気が覚めて、飯沼先生のご努力によって、父の遺稿が韓国にも認められたのかと感慨無量で、その夜は、まんじりともしなかった。

三月五日、耳鼻科の病院（私は前年夏ごろからやや難聴になっていた）から帰って来ると、妻がにこにこして、

「朗報ですよ」

と言って一通の封筒を差し出した。裏を返してみると、「韓国文化研究振興財団理事

長　韓昌祐」と書いてある。急いで封を開いてみた。

本年度は十九件の応募があり、選考委員において慎重に審査した結果、貴殿に対して、出版助成金を授与することに決定致しました。

なお、助成金の授与式を一九九一年三月十三日午後五時に京都グランドホテル（二階春秋の間）にて行いますので、御出席下さるようにお願いいたします。

一九九一年三月二日

財団法人　韓国文化研究振興財団
理事長　韓　昌　祐

書　名　高橋昇『朝鮮農業に関する実態調査および研究』（未來社）
助成金額　百万円

さらに、「文部省から認可された財団設立の記念パーティが、助成金授与式に引き続き挙行されるので、これにも参加して欲しい」という案内状が同封されていた。

この日午後九時ごろ、今度は朝日新聞社から電話があった。

「韓国文化研究振興財団設立早々に、第一回の出版助成金を授与されるのは、全国では福岡県田川市のノンフィクション作家、林えいだいさんの『戦時外国人強制連行関係史料集』と、あなたのお父さんの『朝鮮半島の農法と農民』の二冊だけですので、是非とも取材させていただきたい」ということだった。

三月十三日「ひかり」十六号で、京都駅に到着した。

会場の京都グランドホテルはすぐに分かった。自動ドアの中に入ったが誰もいなかった。どこが受付かも分からず、しばらくロビーと思われるようなところに腰をかけていた。するとしばらくして、身なりの立派な五十歳代と思われる方が、急ぎ足で私のところまで駆けて来て、

「高橋甲四郎さんですね」

と尋ねられた。

「あなたのことは飯沼先生からお聞きしていました。もうすぐ助成金授与式が始まります。会場まで私が案内いたしましょう。私のあとについて来てください」

この方が財団の常任理事をされている李進熙氏だった。李氏は、私を授与式が行われる部屋の入口まで案内すると、姿が見えなくなった。

入口の受付の机上には、授与予定者の氏名が書いてある名札とリボンがずらりと並べ

てあった。私の名札を探したが見当たらず、父の氏名の「高橋昇」という名札があった。これをリボンと一緒に胸にピンで留めて部屋に入って行った。部屋の中には、財団関係者、後援者、マスコミ関係の人々約二十名が後ろの椅子に腰掛けて待機していた。

韓昌祐理事長の説明のあと、個人研究三名、共同研究四名、そして最後に出版物二部の順に助成金が授与された。父の代理として出席した私は、「出版助成金」であったため、一番最後に名前を呼ばれた。

「高橋昇さんの『朝鮮半島の農法と農民』に対して出版助成金を授与しますが、本人はすでに死亡されているので、ご子息の高橋甲四郎さんに授与します。高橋甲四郎さん、前に出てください」

進行係の方からこのように言われ、腰掛けていた私は、立ち上がって理事長の前に進み出た。理事長の韓昌祐氏は、祝辞を入れるような折り畳まれた紙包みを私に渡された。私は丁寧に頭を下げて紙包みを受け取り、自分の席にもどった。あとでその紙包みをそっと開いてみたら、墨痕鮮やかに、

「目録　『高橋昇・朝鮮半島の農法と農民』の出版助成金として、百万円を授与する」

と書いてあるのが目に入った。

このあと、部屋の隅に机がコの字型に並んでいるところに行き、助成金授与者九名と

財団関係者や後援者など十数名で、一時間近く座談会が行われた。座談会が終わると、祝賀会のため大会堂に移動した。

大会堂ではすでに五、六〇〇名が立ったまま並んでいた。遅れて入った私は、一般出席者の後ろのほうに並んだので、前の演壇上のテーブルがわずかに見えるだけだった。

会が始まると、

「韓国大統領からの祝電を披露致します」

というマイクの声が流れ、韓国語、そして日本語で電文が読み上げられた。次いで、

「次は日本国の文部大臣からの祝電です」

来賓の祝辞が続く中で、

「次は、京都大学名誉教授の飯沼二郎先生からお祝いのお言葉をいただきます」

とマイクの声がはっきりと聞こえた。私はつま先を立てて、前の人の頭越しに壇上を見た。大勢の方が立ったまま並んでいる最後部の位置からは、飯沼先生の顔がわずかに見えただけで、祝辞の言葉は十分に聞き取ることはできなかった。

祝賀式が終わったあと、立食パーティ。

私は九州からはるばる一人で参列したため心細くなり、出版助成金を授与され、同じ福岡県から出席しているノンフィクション作家の林えいだいさんを探した。少し離れた

テーブルで、出版社の人やジャーナリストと思われる四、五人に囲まれて談笑している林さんを見つけた。私は、そのテーブルに近づき、林さんに声をかけて自己紹介をした。林さんは、

「おっ」

と私を振りかえり、あたたかい目で私を見つめられた。初めて見る林さんは、背が高く、黒々とした頭髪を前に垂らして、とても五十歳代とは思われない若々しい風貌であった。

飯沼二郎先生にお礼の言葉を申し上げねばと思い、あちらこちら探したが、大勢の来客でごった返しているため、見つけることができなかった。

午後八時半ごろパーティも終わり、会場から廊下に出た途端、若い二人の男性と話しをしていられる飯沼先生に、ばったりと出会った。飯沼先生は私を認めると、

「どこにいましたか、探していましたよ」

とおっしゃった。

飯沼先生と二人で並んでホテルの長い廊下を黙って歩いていたが、廊下が途切れる少し前まで来たとき、飯沼先生が突然独り言のように、静かにおっしゃった。私には、たしなめられるように聞こえた。

「これからが大変だ」
私はその短い言葉に、全身がずしんとするような重みを感じた。

遺稿の紛失

心配していた田口英治さんの病状も思ったより軽くて済み、未來社に出社できるようになった。韓国文化研究振興財団からの出版助成金も授与された。未來社もいよいよこれから遺稿出版の作業に取りかかっていくことであろう。しかし、出版の費用がどれくらいになるのか見当もつかない。「出版契約書」を未來社と取り交わしたいと、未來社のほうに再三お願いした。しかし、未來社からは、走り書きの父の原稿が、実際に印刷した場合に何ページの分量になるか見当がつかないから、という理由で、なかなか契約書を取り交わしていただけなかった。

それではと、私のほうでそれを調べてみようと決心した。四〇〇〇枚近くの昔の農事試験場用原稿用紙に、父の筆跡で横書きに走り書きされている字数を、現行の四〇〇字詰め原稿用紙に直した場合、それが何枚になるかが分かればいいのである。

昔の農事試験場用原稿用紙は横書きで桝目がないので、一ページの字数を数えて大よそどのくらいであるのか、概数で換算せざるを得ない。

それを調べているうちに、遺稿原稿の「咸鏡南道」、「咸鏡北道」、「平安道」の三冊が見当たらないことが分かった。

昨年五月に飯沼先生と田口さんが遺稿調査に来宅されたあと、出版する予定の遺稿原稿はすべて未來社に送った。その後、八月になって田口さんから、

「すべてコピーは完了いたしました」

と、すべての遺稿原稿がダンボール箱に入れられて送り返されてきた。当時、私は多忙のため、送り返されたダンボール箱を点検せずに、そのまま二階の座敷に放置しておいた。今回どのくらいのページになるかを調べるために、ダンボール箱を開けて調べていくうちに、この三冊が欠損していることが分かったのである。

私は、田口さんに急いで電話をして、未來社に「咸鏡南道」、「咸鏡北道」、「平安道」の遺稿原稿がまだ残っていないか尋ねた。

「しばらくお待ちください。こちらでも探してみます」

と、電話を切られた田口さんから、その日の夕方、連絡があった。

「お尋ねの三冊の遺稿原稿はこちらにはありません。送っていただいた遺稿原稿は、すべてこちらでコピーをとったあと、全部送り返し、全然残っていません」

ということであった。どうなったのだろう。どうすればよいのだろう。私は途方に暮れた。

とにかく一度未來社を訪ねてみなければと思った。ちょうど第二回目の朝鮮黄海道沙里院小学校の同窓会が東京都内で行われるという案内状を受け取っていたことを思い出し、これに参加した翌日、未來社に立ち寄ろうと決心した。

一九九一年（平成三年）四月三日の同窓会に出席した翌朝、私は未來社に向かった。

未來社から送っていただいていた案内図を頼りに、御徒町駅からバスに乗って伝通院前駅で下車する。昼近くであったため近くの食堂に入って食事をして、店で教えられた通りにまっすぐな一本道を、うららかな春の陽光を浴びながら、のんびりと歩いて行った。この付近は東京都とは思われないほど車も少なく、閑静であった。前方には桜の木が立ち並び、淡雪のような桜の花がいまを盛りと咲き誇っていた。その横を通り、伝通院を右手に見て坂道を下っていると、赤レンガ造りの三階建ての頑丈な建物が左手に見えてきた。近づいてみると、入口に「未來社」と書かれた表札がある。中はひっそりとしている。

初めて見る未來社である。私は感無量であった。ここが父の原稿を引き受けてくれた出版社だなと、しばらくはその赤レンガの建物を離れて感慨深く眺めていた。

父の原稿を引き受けてくれた未來社（東京）の建物（1991年４月４日）

入口のガラス戸を開けて来意を告げると、中から中年の女性事務員と思われる方が出て来た。西谷社長は不在だったが、田口さんはおられた。その女性の案内で二階に上がる。

二階にはコピー機や印刷物、ゲラ刷り、書物などが、本棚や机上に所狭しと置いてあり、その中でうずくまるようにして田口さんが何かを調べていた。案内の女性が私の来意を告げられると、田口さんはゆっくりとこちらに顔を向けた。

田口さんとは昨年五月、福岡県八女市の自宅でお会いしてから一年ぶりである。病後とはいえ、思ったより元気だったので私はほっとした。

私は紛失している三冊のことが知りたか

ったので、父の遺稿原稿のコピーを全部見せていただきたい、と田口さんにお願いした。

もし、そのコピーが全部揃っていれば、紛失したと思われる三冊の遺稿原稿は、確かに未來社にあったことになる。しかし、三冊のコピーもないとすれば、その元になる三冊の遺稿原稿は、未來社にあったかどうかは分からないことになる。

田口さんは、いろいろな印刷物が置かれている棚の一隅から、父の遺稿のコピーを次々と運んで来て、私の前の机上に置いた。

「これで全部です」

私は持参した遺稿目録にしたがって、机上のコピーと照合した。

やはり、コピーも三冊だけ欠損していた。

しかし昨年五月二十四日、私は遺稿目録にしたがって印刷に必要なすべての遺稿原稿を、福岡県の自宅から未來社に、確かに発送したはずである。

では、この三冊はどこで紛失したのであろうか。

「昨年十一月に自分が脳溢血で倒れたあと、しばらく未來社を留守にしましたので、その間に誰かが預かっているのかもしれない」

田口さんは、独り言のように、力なくつぶやいておられた。

この三冊がないとなると、事は重大である。最も重要な北朝鮮の実態調査の大部分が欠けることになり、出版物の価値も半減するだろうからである。

私も田口さんと一緒に社内の戸棚、引き出し、本棚などをあちらこちら探したが、どうしても見つからなかった。私は上野のホテルに戻り、夕食をとったあと、未來社の西谷社長の自宅に電話した。

「福岡県から参りました高橋甲四郎です。いま、上野のホテルから電話をしています。明日、社長と未來社でお会いしたいと思いますが、何時ごろだったらお会いできますでしょうか」

紛失している三冊の遺稿原稿のコピーのことは伏せておいた。

「あ、ちょうどよかった。実は京都の飯沼二郎先生も明日お出でになるので、午後三時ごろがいいでしょう。そのころだと飯沼先生とも一緒になりますので、そうしてください」

実務の打ち合わせ

四月五日、指定された午後三時少し前に未來社に着く。前日、田口さんと会った二階の部屋にすでに飯沼二郎先生がお見えになっていた。私は飯沼先生に、

「お久し振りでございます。いろいろとお世話になっています」

と挨拶をする。飯沼先生は、

「いや」

と言われたきり、にこにこして私を眺めていられた。

ところがよく見ると、飯沼先生の前のテーブルの片隅に、あの北朝鮮関係の遺稿原稿の三冊が、きちんと重ねて置いてあるではないか。コピーではなく、元原稿が……。

私は自分の目を疑った。しかし間違いなくあの三冊である。私は飯沼先生には黙って、隣の部屋で仕事をされている田口さんのところに行き、小さな声で、

「あの三冊はあったようですね」

と話しかけた。田口さんはやはり小声で、

「ありました。私が脳溢血で倒れて入院しているとき、女性従業員の一人が、大事をとって全然別のところに保管していてくれていたようでした」

と、言葉少なく答えた。そして、さらに小さい声で、

「あの三冊が見つからなかったら、私は、これになっていたかも分かりませんでしたよ」

と自分の首を右の手で切る素振りをされた。私も心底からほっとした。

私は、飯沼先生のいらっしゃる元の部屋に戻った。間もなく西谷社長がお見えになり、田口さんもこの部屋に来られた。

四人とも揃ったところで、まず飯沼二郎先生がいままでの簡単な経過と、今後の遺稿編集の手順について話された。

「今回の高橋昇さんの遺稿は、田口さんが脳溢血で倒れられたあと、私が未來社に来て大体の整理をしておきました。

編集や印刷の順序としては、［Ⅰ］の【総論】では、『今後の朝鮮農業について』をまず冒頭に持っていき、高橋昇さんが心血を注いで執筆したと思われる『朝鮮主要作物の作付方式と土地利用』をその次に、あとは『人参耕作状況調査』、『蕎麦に関する試験成績』、『馬鈴薯の冷凍乾燥法に就いて』というように、私のほうで順序を揃えておきました。

［Ⅱ］の【営農実態調査】については、例えば『全羅北道』、『全羅南道』というような、北とか南を撤廃し、『全羅道』というように、項目を大きく分類したほうがいいでしょう。そして、これらを、南のほうから印刷してゆき、漸次北のほうに進んでいったほうがいいと思います」

飯沼先生のこまごました説明がさらに続いたあと、西谷社長が実務的な発言をされた。

「印刷と校正、誤字の点検は、原則として未來社で行います。不十分なところを飯沼先生と高橋さんにやってもらうことにしたいと思います」

このあと、出版書の活字の大きさについての協議になった。西谷社長が、

「文字は少し大き目にして、読みやすいようにしたほうがいいと思うが……」

と発言されると、飯沼先生は横から反対意見を述べられた。

「いや、文字は少々小さくても、できるだけ書物が厚くならないようにして、値段を安くし、なるだけ多くの人々に読んでもらったほうがよいと思う。研究したいという意欲のある者は、少々文字が小さくても、読んでいくだけの気概がなくてはならない」

私が傍らで黙って聞いていると、飯沼先生が急に私のほうを振り向かれて、

「高橋さん、あなたはどのように思われますか」

と尋ねられた。いままで本を出したこともない私は、

「お二人にお任せいたします」

と答えておいた。あとで田口さんから聞いたところによると、そのころ西谷社長は眼病を患っていられたという。

あらかたの打ち合わせが終わると、西谷社長が、

「この近くに、自分が知っている食堂があるので、そこで皆で食事をしよう」

と言われ、四人は連れ立って未來社をあとにした。

おだやかな春の陽光は、すでに西に傾き、赤れんがの未來社の建物の影が長く地面に落ちていた。

先頭に飯沼二郎先生と西谷社長が並んで歩かれ、そのあとに田口さんと私がついて行った。西谷社長と飯沼先生とは昔から深いつきあいがあり、肝胆相照らす間柄であることは、間もなく田口さんから聞いた。

西谷社長は話題が豊富で、歩きながらでも、

「武者小路実篤の新しき村については……」

などと飯沼先生に話しかけていられる。ほとんど西谷社長の独演で、飯沼先生はただ「うん、うん」とうなずきながら、聞き役に徹していられるようであった。

私たちは、明々と照明がともっている食堂に着いた。食堂は広かったが、客数は少なかった。

「ここがよかろう」

西谷社長が片隅のテーブルを指して言われた。やがて西谷社長の注文によりビールが運ばれてきた。

「アルコールが禁止されている田口君の前では悪いが、まずビールといこうか」

未來社で遺稿出版打ち合わせのあと，食事をする。左より，
田口英治氏，西谷能雄社長，飯沼二郎先生（1991年4月5日）

前年十一月に脳溢血で倒れ、目下リハビリ中の田口さんに気を遣って、西谷社長がこう言われる。

「いや、コップ一杯ぐらいは医者からも許可されていますよ」

と田口さん。

「じゃ、乾杯といこうか」

四人はビールがなみなみと注がれたコップを片手に、西谷社長の音頭で乾杯をした。その後、野菜てんぷら定食などをご馳走になる。

私は持参していたカメラで二、三枚スナップ写真を撮った。このとき、西谷社長七十八歳、飯沼先生七十三歳、田口英治さん五十七歳、私は六十六歳であった。

食堂を出ると、外は真っ暗であった。

田口さんは食堂を出てすぐに私たちと別れられ、私たち三人は大通りに出てバスを待った。

やっとバスが来たのでこれに乗車する。バスの中でも西谷社長は談論風発、盛んに飯沼先生に話し、飯沼先生は相変わらず軽くうなずきながら、熱心に耳を傾けていられる。やがて御徒町停留所に着いたので、三人はバスから降りて再び街灯のない暗い夜道を歩いて行った。

しばらく歩いていたら、飯沼先生が突然立ち止まり、私のほうを向かれて、

「高橋さん、上野に行くのだったら、この道をまっすぐに行くと上野に出ますよ」

と、遠方にかすかに明かりが見える、暗いまっすぐな道を指差して言われた。

私はお二人に謝辞を述べて別れ、飯沼先生に指示された真っ暗い道を、前方の明かりを頼りに、まっすぐ歩いて行った。
七、八〇メートル歩いたころ後ろのほうから、
「タカハシさーん、タカハシさーん」

という声に、振り返ったところ、遠くに二つの人影がある。逆戻りしてみると、西谷社長と飯沼先生が立っていらっしゃった。私を呼びとめたのは西谷社長であった。

「その道は違う道ですよ。こちらの道が上野に通ずる道です。この道を歩いて行きな

さい」

と言って西谷社長は、いま私が歩いて来た道と並んで走っている、もう一つの道を指差された。

「この道をまっすぐ行くと、いわゆるあの有名な『アメヤ横丁』と言われている通りに出ますから、東京に来た思い出に、その横丁を冷やかして行きなさい。行きつくところが上野駅ですから、あなたのホテルもすぐそばにあります」

西谷社長がこう言われた。その横で、飯沼先生が済まなそうな顔をして私を見つめていられた。私は二人に大きな声でお礼を言って、西谷社長が指示された道を、ずんずんと歩いて行った。明るくて賑やかなアメヤ横丁に出て、店々を見物しながら歩いて、無事に「ホテルニューウエノ」に着いたのである。

西谷社長の声容に接したのは私にとっては、この日が最初にして、そして最後になった。この日から間もなく西谷社長は、父の遺稿の出版を待たずに、残念ながら他界されてしまったからである。

出版する本の構想

一九九一年（平成三年）四月に未來社で、飯沼先生が、西谷社長をはじめ私たち三人に示された遺稿出版の構想は次のようなものであった。

［Ⅰ］　総論

①今後の朝鮮農業について……………………………………二八枚
②朝鮮主要作物の作付方式と土地利用……………………二七五枚
③付表（主要作物作付方式の実例と畑作利用利用状況）……八〇枚
④人参耕作状況調査………………………………………………二二枚
⑤蕎麦に関する試験成績………………………………………一一枚
⑥馬鈴薯の冷凍乾燥法に就いて………………………………二三枚
⑦水田の雑草に関する研究……………………………………一一一枚
⑧労力調査*（これを入れるかどうかは、後日検討する）
⑨朝鮮の犂（総括一覧表と、典型的な犂の分布図を一つ入れる）

［Ⅱ］　営農実態調査（農具調査も含む）

1、全羅道　付済州島
2、慶尚道
3、忠清道
4、京畿道
5、江原道
6、黄海道
7、平安道
8、咸鏡道
9、*満　州

〔Ⅲ〕　農民生活調査
①農村の飲食
②朝鮮の飲食物について
③*実態調査
④*平壌の食事

しかしその後、この順序にしたがって進めているうちに、次第にページ数が増加してきたため、最終的には＊印の項目は削除しなければならなくなった。

四月六日、東京から帰ってしばらくして田口さんから電話があった。

「いよいよ内容見本の作成に取りかかっていますが、この遺稿出版物の推薦をしていただく方で、高橋さんのほうでどなたか心当たりはありませんか」

農業方面に疎い私は、以前、遺稿出版のことで相談に行った福岡県筑後市に住む農林水産省九州農業試験場の向居彰夫場長のほかは、ほとんど知らない、と返事したところ、

「では、高橋さんは向居場長に遺稿に関する推薦文を依頼してください。あとはこちらで考えましょう」

ということであった。

五月になると、田口さんから左記のような推薦文依頼の候補者名簿が送られてきた。

飯沼二郎（京都大学名誉教授）
向居彰夫（農林水産省九州農業試験場長）
旗田　巍《たかし》（韓国文化研究振興財団理事）
姜《カン》在《ヂエ》彦《オン》（花園大学教授）
姜《カン》徳《ドク》相《サン》（一橋大学教授）
加用信文（元農水省農業総合研究部副部長）

李《イ》進《ヂン》熙《ヒ》（韓国文化研究振興財団の理事）
李《イ》春寧《チウンニヨン》（前ソウル大学農科大学長）
小倉武一（食料・農業政策研究センター会長）

この中で、小倉武一氏は桜井浩先生から推薦していただいた。

その後、田口さんの電話連絡によると、このうち、旗田巍、加用信文、李進熙の三氏は、「まだ遺稿の中身を全然見ていないので、推薦文は書けない」との理由で辞退された。代わりに、中村哲氏（京都大学経済学部教授）が加えられた。

また田口さんからの手紙には、

「内容見本には、あなたのお父さんの写真、簡単な履歴書、また表紙には『二頭犂による大型写真』も飾りたいので、これらのものを手配していただければ幸甚です」

とあった。そこで私は、大急ぎで父の履歴書をワープロで打ち、「二頭犂による大型写真」を父が朝鮮で写した大小数百枚の写真の中から探し出して、田口さんに速達で送った。

やがて、七月ごろから十月下旬にかけて、田口さんから推薦者の原稿と校正用のゲラ刷りが個別に次々と送付されてきたので、原稿と照合しながら校正をしていった。

内容見本

一九九二年（平成四年）四月に「内容見本」が田口さんから送られてきた。カラー印刷ではなく、白黒の印刷であった。

「これは外部に出すような正式なものではなく、あくまで内々のものです。正式なものはきちんと色刷りして紙も上質なもので印刷します」

ということである。

「内容見本」は、B５判の大きさ。三つ折りで、観音開きになっている一枚ものであった。表紙一面に「二頭犂の写真」が大きく印刷されていた。左端に「高橋昇・朝鮮半島の農法と農民」と、表題が楷書の活字で印刷され、右端上部には、それより小さめに「飯沼二郎、高橋甲四郎、宮嶋博史＝編集」と編集委員の名前が印刷されてあった。久留米大学教授の桜井浩先生は、遺稿出版への協力は惜しまないが、編集委員になることは辞退されたので、結局編集委員は三人になったのである。

私は自分の名前が飯沼二郎先生の次に印刷してあるのに気が引けて、すぐに田口さんに電話し、

「私の名前は正式印刷のときには、一番下に印刷してください」
と頼んだ。しかし、
「いや、あれはアイウエオの順で書いていますので、気にしないでください」
と言われた。
表紙を左右に開くと、開いた三面にわたって推薦文が書かれていた。推薦文の見出しと、推薦者の氏名を左に記す。
「二度と得がたい資料」……………………飯沼二郎
「大変な発見」……………………………小倉武一
「一人の誠実な日本人研究者」…………姜 在 彦
「在来の朝鮮の農業を公正に復元」……姜 徳 相
「近代朝鮮農業史研究に寄与」…………中村 哲
「研究資料としては超一級品」…………向居彰夫
「実態調査による韓国伝統農業の把握」……李 春 寧
日本人学者四名、韓国人学者三名から、父の遺稿に対してこころ温まる推薦のお言葉を、四〇〇字詰め原稿用紙二枚前後の割合で執筆していただいていた。
特に、花園大学教授である在日韓国人の姜在彦先生の推薦文は、末尾に、

「さらに先代の貴重な研究成果を大事に保存し、そのおかげでようやく陽の目をみるように努力しつづけたご子息の孝行も、衣食足りて礼節を忘却してしまった世の中で、清冽な美しさを感じさせる。僭越ながら、一文をしたためた所以である」

と結んであった。

読んで私は不覚にも涙がこぼれてきた。まだやっと緒についたばかりの遺稿出版ではあるが、この姜在彦先生の有り難いお言葉に接して、今後どのような困難なことがあろうとも、必ず出版まで漕ぎつかねばならないと、強く心に誓ったのである。

観音開きの左ページを閉じた第一裏面には、朝鮮農村風景の写真七枚が印刷されていた。火田の状況の写真（普天堡にて、一九四二年）、野鍛冶の写真（満浦にて、一九四〇年）、田舎市場の風景写真（慶尚南道一九三五〜四〇年頃）、チゲ（荷物搬具）の写真（朔州にて、一九四〇年）などである。

第二裏面には、飯沼先生が前年四月に、未來社で示された出版の内容の構想、［Ⅰ］総論、［Ⅱ］営農実態調査、［Ⅲ］農村生活調査などの各項目が書かれていた。最後は、

「解説」……………宮嶋博史

「あとがき」…………高橋甲四郎

となっている。この面の右下に、「刊行要領」として、Ｂ５判上製・布クロス装函入

り。九〇〇頁。定価（五〇〇〇〇円＋税）とあった。

さっそく、この略式の「内容見本」をコピーして、関心のある十数名の知人に発送した。このような略式のものでも、出版する遺稿の内容が大よそどのようなものであるかを知らせる意味でも、できるだけ早く配布しておくべきだと考えたのだった。

三十年目の結実

進まない校正

一九九二年（平成四年）

この年七月、未來社の田口英治さんから、第Ⅰ部［総論］の中の「今後の朝鮮農業について」、「人参耕作状況調査」などの初校ゲラ刷りが送られてきた。中を開けてみると、田口さんが赤のボールペンでほとんど校正していた。私は遺稿原文と照合しながら、田口さんの校正ミスや校正もれなどを点検するだけでよかった。

初校ゲラ刷りに同封されていた田口さんの便りには、

「点検が終わったら、飯沼先生に送ってください」

とあったので、飯沼先生に送ることにした。

これより前、三月ごろだっただろうか、飯沼先生のところには遺稿原文がないので、飯沼先生の手元に原文があれば、より正確に校正していただけるのではないだろうかと思った私は、飯沼先生にそのことを電話でお尋ねしたところ、

「そうしていただければ有り難い」

というお返事だった。

そこで私は、出版が予定されている父の遺稿原文の約五〇〇〇枚を、かたっぱしからコピーして、飯沼先生に送ることにした。

飯沼先生のところに遺稿原文のコピーを送る、もう一つの理由があった。

父の遺稿原文が、飯沼先生の言われるように、「二度と繰り返して調査することのできない、貴重な唯一の資料」ならば、万が一、大雨による洪水や、落雷による火災、盗難などによって消失してしまえば、とり返しのつかないことになる。これをコピーして、遠く離れた京都の飯沼先生のところに送っておけば、かりに私の保管している遺稿原文が天災や人災によって消滅してもコピーは保存されるではないか。遺稿原文に対する防衛本能が私の心の片隅に働いていたことも事実である。

私は、四月ごろから第Ⅰ部［総論］のコピーにかかり、次々と飯沼先生宛に送付していった。第Ⅰ部は五月中旬までに終了した。

引き続き第Ⅱ部の［営農実態調査］約四〇〇〇枚の原稿も、自宅の複写機で時間の許す限りコピーして、「黄海道」、「江原道」というように、「道」ごとに発送した。さすがに膨大な量の［営農実態調査］だけあって、全部が終了するのに、この年の十二月半ばまでかかった。

その間にも［総論］の初校ゲラ刷りが、田口さんから次々と送られてきていた。この

〔総論〕はほとんどが報告書になっている。当時の農事試験場の庶務係で清書されたのか、筆跡もきちんとしており、そのまま印刷所に渡すことが可能であった。この中で、父の直筆による「朝鮮主要作物の作付方式と土地利用」だけは、父の走り書きのままであったため、印刷所では判読できず、受け付けてくれないだろうと考え、前年の七月ごろから田口さんと二人で手分けして清書を続けていた。三〇〇枚近い原稿は、農事試験場用の原稿用紙一枚一枚に速記録のようにびっしりと走り書きされていた。一文字一文字を丁寧に清書していく作業は、多大の労力と時間を要するものであった。

しかし、私にとっては、清書に時間はかかっても、それは楽しい作業でもあった。幼いころから見なれている父独得の懐かしい筆跡に触れて清書していくとき、かつて父と過ごした朝鮮での数々の思い出が浮かんでくるからである。

「朝鮮主要作物の作付方式と土地利用」の清書は、半年間の歳月を費やしてようやく終えることができた。この論文も含めて第Ⅰ部〔総論〕の初校が終わったのが十一月初旬であった。ところが、このあとの第Ⅱ部〔営農実態調査〕の初校ゲラ刷りは、いつまで待っても田口さんからは送られてこなかった。

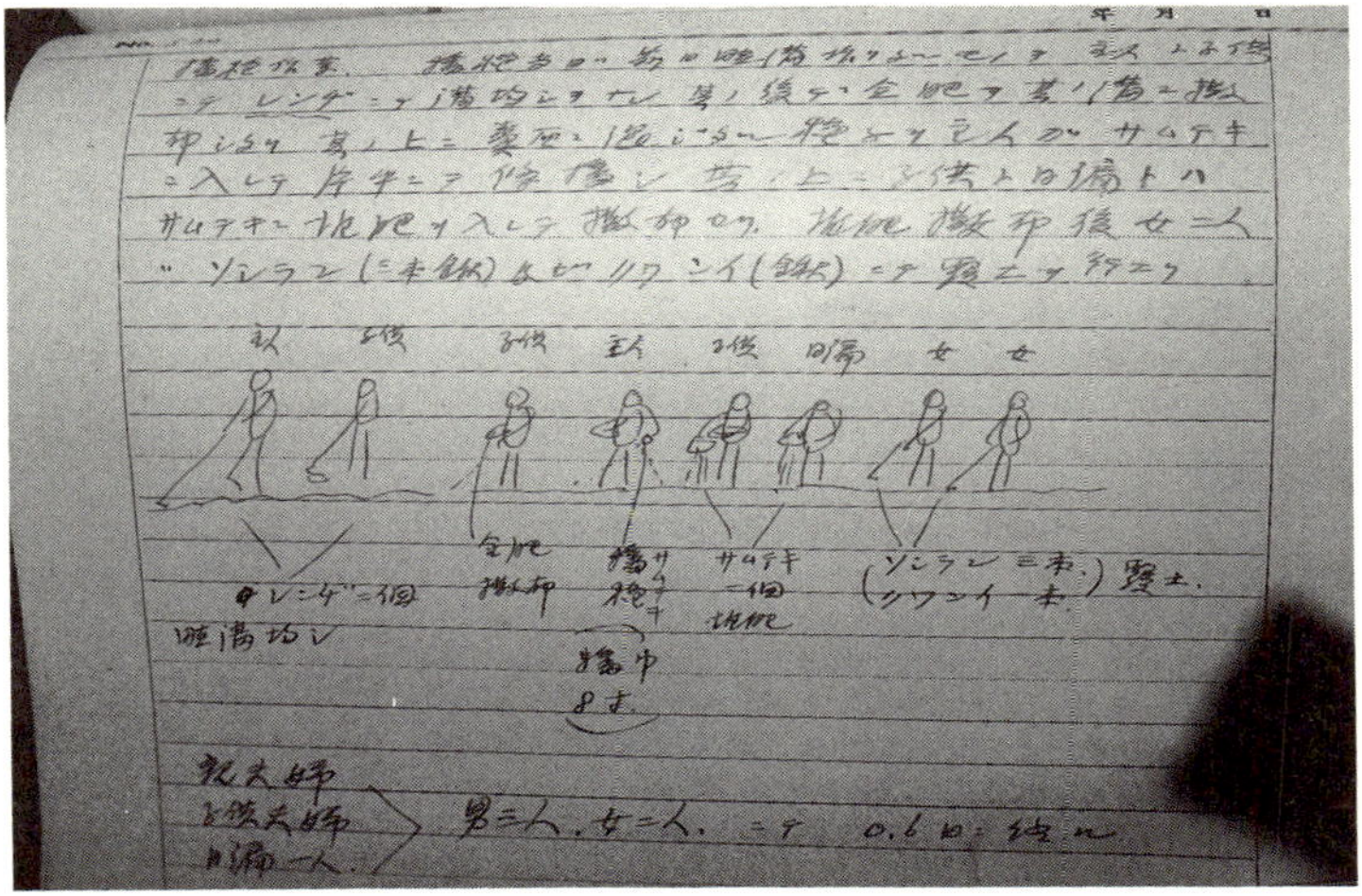

遺稿原文。京畿道内の農家における種まき作業の図。主人と子供が先頭で地ならしをし，それから別の子供が金肥を散布。その上に糞灰を混ぜた種子を別の主人がまき，子供と日雇いが堆肥を入れたあと，2人の女がそれに土をかぶせていく。大家族による見事な連携作業（1937年12月8日）

一九九三年（平成五年）

第Ⅱ部の「営農実態調査」は、第Ⅰ部の「総論」のように、報告書形式できちんと書かれていなかった。ほとんどが父が聞き書き調査をした野帳で、大急ぎで記した走り書きで記録されているために、そのままでは印刷できなかった。だからこそ二十年前に父の遺稿を預かられた落合秀男さんは、その遺稿の清書を知人や友人に依頼されたのである。

　その落合さんの清書原稿のうち、第Ⅱ部の冒頭に掲載予定の「全羅道」を私のほうでコピーして田口さんに送ったのが、前年の十月ごろであった。ところが、年が明けてもその初校ゲラ刷りがいっこうに私のところに送られてこないのである。

私は何度も田口さんに電話をしたり手紙を出したりして催促したが、田口さんからは、「もうしばらくお待ちください」という返事が返ってくるばかりであった。

ようやく三月になって、「全羅道」の初校ゲラ刷りが田口さんから送られてきた。それもわずか十枚足らずの枚数しかなかった。このような状態では、父の遺稿はいつ発刊できるのか見当がつかない。私は第Ⅱ部になってからの初校ゲラ刷りの遅れについて、田口さんに苦情を述べるとともに、田口さんが行っている校正を、こちらが引受けることはどうだろうかと提言をした。

「お忙しいことは十分理解できますが、何だか父の遺稿だけが『後回し、後回し』となっているような気がしてなりません」

ずいぶん思い切った、しかも大変失礼なことを田口さんに書いて出した。

しかし、その後も田口さんはきちんと校正をし、十枚内外の初校ゲラ刷りを、一カ月も二カ月も経過して送り続けてきた。

私は待ち切れずに飯沼先生や、西谷社長に「もっと早くできないものだろうか」とお願いの手紙を書いて出した。最初に飯沼先生からのお返事が届いた。

「未來社に行きましたとき、田口君に会いましたが、社員が少ない上に仕事が多く、とくにお父上の原稿の割り付けは田口君一人で、しかも他の仕事の合間にやっているので、なかなか進まず申し訳ないと言っていました」

また西谷社長からの返事は、

「お父様の遺稿集が思うようにはかどらなくて申し訳ありません。もうしばらく御待ちくださ い」

だった。

父の遺稿を自宅で発見してからすでに二十七年という歳月が経過している。一日も早く父の遺稿に日の目を見せたい。このころの私は、焦慮の気持ちでどうしようもなかったのである。

作業の進展

一九九四年（平成六年）

この年になってから初校ゲラ刷りが、未來社から次々と送られてくるようになった。

これまでは初校ゲラ刷りが、一、二カ月、長いときには数カ月も経ってやっと数枚ずつしか送付されてこなかった。ところが、一月上旬に「済州島」の残部のゲラ刷りが送付されたのを皮切りに、「忠清道」、「全羅道」、「慶尚道」と矢継ぎ早にゲラ刷りが送られてくるようになった。

六月中旬、田口さんから、

「『咸鏡道』、『江原道』、『城山農場』の分はどうしたことか、こちらの未來社には遺稿原文のコピーしかなく、落合さんの清書原稿が見当たりません。ご存じのように、あなたのお父さんがご執筆された走り書きの原稿は印刷所が受け付けないので、落合さんのところで清書されたこれら三冊の清書原稿のコピーを至急送ってください」

という電話連絡があった。

五年前の一九九〇年五月、飯沼先生と田口さんが私の家に来られて遺稿調査をされ、父の原稿を持って行って未來社でコピーされた。その原稿は走り書きで崩し字が多く、そのままでは印刷所が受け付けないことが分かった。そこで落合さんの清書原稿を印刷が進むのに合わせて、次々とコピーして未來社に送っていった。ところが「咸鏡道」、「江原道」、「城山農場」の三冊のコピーはまだ未來社に送っていなかったのだろう。

私はこの三冊の清書原稿を、遺稿原文と照合しながら、誤字、脱字を修正し、不明文字を書き込んだりしたあと、コピーして田口さん宛に送付した。

六月下旬、「京畿道」のゲラ刷りが田口さんから送られてきた。印刷ミスもなく校正個所も少なかったので、数日間で校正が終わり飯沼先生に発送した。

七月上旬、「黄海道」の初校ゲラ刷りが送られてきた。作業が急ピッチで進められているので、私も嬉しい悲鳴を上げて校正を続けていった。

八月になった。今度は未來社に送るべき「平安道」の落合さんの清書原稿が、遺稿原文で一四〇ページ欠落していることが分かった。落合さんのほうでは、この部分の清書がなされていなかったのである。私が欠落部分の遺稿原文を清書しなければならなかった。夏休みを利用して八月下旬までに三十ページを清書した。

この「平安道」の欠落部分の清書のため、父が走り書きした原稿を傍らにおいて、その原稿を横目で追い、懐かしい父の筆跡の一文字一文字を押さえながら書き写していると、「朝鮮主要作物の作付方式と土地利用」を転写したときと同じように、私が幼かったとき、父と朝鮮で過ごしたころの遠い思い出が、幻のように次から次へと心に浮かんできて、感慨にひたることもしばしばであった。このことが、私にとって遺稿出版の作業を進めていく潜在的な原動力となった。

父が教えてくれたこと

中学生になってからは、私は家を離れて学校のある町に下宿していたので、父との思い出は、おもに小学生時代の次のようなものがある。

＊

父と一緒に旅行したことがある。ある都会の鉄道の駅の構内で、急にトイレに行きたくなった。私は、

「便所（当時トイレという言葉はなかった）に行きたくなった。便所はどこ？」

と、父を見上げて尋ねたが、父に、

「目と耳と口は何のためについているか」

と一喝された。自分で探せ、ということだろう。私はごった返す構内の人々に尋ね回って、「便所」と書いてある標識を見つけ、やっと用を足した。

その後も、この「目と耳と口は何のためについているか」という言葉を、しばしば父の口から聞いたものである。

＊

父はよく本屋に立ち寄った。ある日、父は京城（いまのソウル）の大きな書店に入り、熱心に本棚を見て回っていた。私も父と一緒に書店に入って行った。少し離れたところに青い目の外国人が、父が物色している同じ並びの本棚から書物を探しているのが目に付いた。当時、外国人といえば珍しかった。私は、空を飛んでいる飛行機を初めて発見したような気持ちでその外国人のほうを指差して、

「あそこに外国人が……」

朝鮮黄海道沙里院農事試験西鮮支場を視察に訪れたベルグマン博士により撮影された45歳のときの父（農場にて，1936年10月８日）

と父のほうを振り返って話しかけたとき、父は急に険しい顔になって、指差している私の手を打ち払い、押し殺したような低い厳しい声で、

「他人をみだりに指差すものではない！」

と、強く叱った。

＊

父は乗馬が好きで、よく遠乗りすることがあった。

その日は秋晴れの、気持ちのいい日曜日であった。父は一頭の馬にまたがり、当時小学生であった私はもう一頭の馬に、まだ青年のように若い雇人と一緒に、ちょこんとまたがって近くの山に行った。その帰りのことであった。街から四キロほど離れたところまで来たとき、父は私の背後に乗馬している雇人に、

「君だけちょっと降りてくれないか」

と言って、私一人を馬の鞍の上に残させた。そして父は何を思ったか、持っていた鞭で、いきなり馬の尻を力いっぱい叩いたものだからたまらない。馬は驚いて飛び上がり、私一人を鞍の上に乗せたまま一目散に駆け出したのである。

私はただ恐ろしさのあまり鞍の上にしがみついたまま、生きた気持ちはしなかった。馬は四キロくらい離れた役所（当時の農事試験場）の自分の馬小屋までたどりつき、小

屋に入るなり、私を背中に乗せたまま、「ヒヒーン」といななないたのである。そのときの恐ろしかったこと。しかしこれで度胸がつき、それからは一人で乗馬することに、そんなに抵抗感はなくなったのである。

万事がこの調子であった。あとで考えてみると、将来私が一人で生きていくための指針を与えていたのであろうか。いまで言う「自立」というものを植えつけようとしていたのであろう。

馬上の父。朝鮮黄海道馬洞にて
（1936年 6 月）

＊

私たちが住んでいた北朝鮮の冬は寒い。摂氏零下二十度を下回る日はざらであった。そんなある晩のことである。暖かい温突《おんどる》の片隅に置いてあった四角い木の火鉢の中央で、炭火が赫々と熾《おこ》っていた。夜は深々と更けていた。外では雪が静かに舞い降りていたかもしれない。

服を着たままの父は、両手を炭火にかざして何事かをじっと考えていた。義母はそのとき九州の実家に帰っていたのか、家にはいなかった。私と父とは、火鉢を挟んで向かい合っていた。火鉢の中の炭火は、生物が呼吸をしているように、実に規則正しく赤くなったり黒くなったりしている。父もまたその息づいている炭火を見たのだろう、こう言い出した。

「ほら、見ろよ。炭火が赤くなったり暗くなったりしているが、何故だか分かるか」

当時小学生だった私は、その理由はとっさには分からなかった。私はしばらく考えたが、

「分からん」

と言った。しかし父は、

「よく考えてみろ」

と言ったきり、疑問だけを投げかけたまま、とうとうその訳を教えてはくれなかった。学究的で、物事を常に自分で考え、やり方を工夫するという習慣を厳しく教えてくれた父。その父の教えが、いま私の体の中を駆け巡っているのである。

＊

このように私が父の思い出を追いながら、克明に校正をして飯沼先生に送付しているうちに、ある日、飯沼先生から次のようなハガキがきた。

「あなたが御尊父の文章を一文字をも見逃さないように校正をされていられる御気持ちは分かりますが、御尊父の原稿は、古文書でも美術品でもありませんので、その形通りに校正をする必要はありません。たとえ、原文では二行、三行になっていても、それを一行にしてしまい、間違いなくその文意が読者に伝わるなら、それでもいいではありませんか。原文そのものも推敲されたものではないので、大意をつかみながら校正をされてはいかがですか」

飯沼先生のようにその道のベテランなら、そのようなこともできるであろうが、農業関係にはまったくの素人である私は、「大意をつかみながら校正をする」などという芸当は、とてもできるものではなかった。

飯沼先生には謝意を述べながらも、私はその後も相変わらず父の肉筆の一文字一文字を押さえながら校正を進めていく以外に方法はなかったのである。飯沼先生から見れば何と歯がゆいことだろうと思われたに違いない。しかし、私にとってはそのことがまた父との再会を実現できる唯一の楽しみでもあったからである。

そして、

「一日も早くこの遺稿に日の目を見せたい」

その願いだけが私の頭の中に充満していた。

完成へ向けて

一九九五年（平成七年）

前年から原文を見ながら書き写していた「平安道」の欠落部分が、やっとできあがり、コピーして未來社の田口さん宛に一月中旬に発送した。

その間にも、「黄海道」の最後の初校ゲラが未來社から送付されてきた。ところがこの実態調査の原稿は父以外の方の筆跡であるため、出てくる地名で不明なものが多かった。

やむなく久留米大学教授の桜井浩先生に電話して、詳細な朝鮮地名が記入されている地図か書物かがないものかを尋ね、桜井教授の手元にある『朝鮮地名資料集』を三月十五日、久留米大学の研究室に行って見せてもらった。しかしその地名資料集は、以前に桜井先生から借りている広い一枚の朝鮮地図よりも簡略だったので、お借りするのはやめた。

桜井先生は、

「同じ朝鮮地図でも、五万分の一の地図ならもっと詳しいでしょう。久留米大学の図書館にあるかもしれません。一緒に行って探してみましょう」

と言われ、久留米大学の図書館の中をあちらこちら探し回ってくださったが、該当する地図は見当たらなかった。その後、私は電話で近くの大学の図書館に問い合わせて、五万分の一の朝鮮地図は福岡市内の西南学院大学と熊本市内の熊本学園大学のそれぞれの図書館に一冊ずつあることを知った。

西南学院大学では大学に関係のある教職員、学生以外は閲覧できないということだったので、熊本学園大学の図書館に行って見せていただいた。ところが、この図書館にある五万分の一の地図というものが、新聞紙の半ページくらいの大きさで、何十枚も綴じられて厚さが二〇センチ以上もある大きな地図帳になっていた。重くて一人で抱えることも困難であった。ましてやコピーをとることなど不可能であった。仕方なく手ぶらで帰らざるを得なかった。

結局、地名を探すには、以前桜井先生からお借りしていた二十五万分の一の大きな一枚ものの地図に頼るしかなかった。しかし、この地図に細かくびっしりと書きこまれている数多くの地名の中から、虫眼鏡をゆっくりと移動しながら探して該当する地名を発見したときの喜びは、また格別であった。

三月中旬、田口さんから第Ⅰ部［総論］の再校のゲラ刷りが送られてきた。今回送られてきた再校ゲラは、いままでのように数枚ずつでなく、百数十枚の部厚い束である。とにかく忙しくなってきた。

間もなく田口さんから、

「再校ゲラ刷りの第二回分を送ります。また、『咸鏡道Ⅰの三四（a）』の四十二ページの図が欠落していますので、原文を調べていただいて、同じ図をコピーして送ってください」

という電話連絡。早速自宅の茶箱の中に保管している遺稿を取り出し、該当の図を探し出してコピーして、田口さんに速達で送った。

このように、遺稿の中の図だけをコピーして送ってほしいという田口さんからの依頼は、再校に入ってからは何度となくあった。私はその都度、茶箱を二階の押し入れから引き出して、該当の図を探してコピーし、田口さんに送った。

出版の作業が急速に進展をしていたとき、五月になって間もなく、桜井先生から突然電話連絡があった。

「数日前、新聞で未來社の西谷能雄社長がお亡くなりになられたことを知りましたが、あなたはご存じでしょうか。また、今後西谷社長亡きあとの未來社は、いまのまま続けていくのでしょうか」

心配そうな声で尋ねられた。

私にとっては思いがけない、まさに青天の霹靂であった。私はすぐさま未來社の田口さんに電話をした。

四月二十九日に亡くなったことを確かめ、

「父の遺稿出版の作業や、未來社の今後はどのようになるのでしょうか」

と尋ねた。

私は、桜井先生と同様、このことが一番気にかかっていたのである。

「西谷能雄社長の息子さんがいままで副社長でしたので、今後はこの息子さんが社長となり、先代社長のあとを引き継いでいかれると思います。未來社の経営方針はいままで通りで、ご心配には及びません。あなたのお父さんの遺稿出版も、いままで通り作業を続行していきます。なお、社葬は五月十一日に予定されています」

田口さんからは、私が心配していることを、要領よく話していただいた。私は、ほっと胸をなで下ろした。

私はただちに新社長になられた西谷能英氏宛に弔電を打った。この場合、当然未亡人になられた前社長の奥様にお悔やみの打電をすべきであったが、奥様の名前も住所も分からなかったので、このようにした。

翌日は同じく新社長宛に香典を発送した。五月十一日の社葬には参加したいと思ったが、この日は木曜日で、非常勤講師をしている私立高校の私の授業が満杯のため、あきらめざるを得なかった。

思えば、父の遺稿が日の目を見られるように、出版への始動が開始されたのは、西谷能雄社長の英断があったからである。飯沼二郎先生の推薦があったとはいえ、海のものとも山のものとも分からないとき、西谷社長は採算を度外して出版の決断をしていただいた。普通の出版社であれば十分に費用の計算をして決めるのであるが、西谷社長はただ良書を出したいという熱意のみでこの決断をされたのである。もし、この決断がなければ、本書の出版はあるいは不可能であったかもしれない。

私は、西谷社長のご英断に改めて感謝と敬意を払うと同時に、ただの一回だけしかその声容に接することができなかった西谷社長の霊に向かって合掌した。

五月下旬、田口さんから第Ⅰ部［総論］の三校ゲラが送られてきた。この三校に当たる部分は、数カ月前に再校を終えて飯沼先生に送ったものである。それが飯沼先生から未來社に回り、三校となって私の手に早々と届けられたのである。

結局、私の手元には、第Ⅱ部の再校ゲラと、第Ⅰ部の三校ゲラの両方が置かれていることになる。いずれも初校ゲラ刷りよりきれいに印刷され、読んでいっても校正するところはほとんどなかった。まず再校ゲラから見ていったが、初校のときと同様、最初から原文と照合して一字一句を押さえながら校正をしていったので時間がかかった。

すると飯沼先生から、再び校正に関する注意のハガキが届いた。

「再校は、初校で校正したものが、正しく印刷されているかどうかだけを見ていけばいいのであって、初校のように最初から原文と照合する必要はありません」

このハガキをいただいてからは、私の校正も急ピッチで進んでいった。さらに三校になると、もう校正するところはほとんどなく、楽しみながら読んでいくことができた。

こうして、この年の後半は、まるで西谷能雄社長の死を弔うかのように、作業が急速に進展していった。

完成近し――満足そうな笑みを浮かべている父の面影が眼前にちらつき始めた。

校正雑記

未來社の田口英治さんから初校の校正ゲラ刷りが送られてくると、私はただちに自分の複写機でコピーした。そのコピーしたものを原文と照合しながら、赤のボールペンで校正をしていった。それを未來社から送られてきた校正ゲラ刷りに清書したものを飯沼先生に送付した。コピーしてそれに赤のボールペンで校正したものは、私の手元に残して保管した。それはあとでどのように校正されたかを見直したりするのに非常に役に立った。

こうして田口さんと私の二人が目を通した校正刷りを、飯沼先生が最終的に仕上げられて未來社に返送されるという段取りで作業が進んでいった。つまり、未來社から最初に私宛に発送されるゲラ刷りが、東京→九州→京都→東京と、鈍角三角形のルートを描きながら完成まで八年間、何十回、いや何百回となく循環を繰り返しながら、初校、再校、三校と進んでいったのである。そのための電話連絡、手紙のやり取りもまた数百回以上に及んだ。

父の遺稿文は、すべてが聞き書き調査であるため猛烈な走り書きで、判読するのに困難であった。それに漢字はすべて旧漢字で書かれており、そのまま印刷所に入れても、戦後の教育を受けた印刷所の方々には判読できなかった。そのためこれらをすべて常用漢字に書きなおさなければならなかった。また、漢字以外はすべて片仮名の走り書きで書かれているために、たとえば「ソ」か「ン」か、「ツ」か「シ」のどれにあたるのか、その判断に迷うこともしばしばであった。

こういうことがあった。

日本語では邸《やしき》の意味を示す朝鮮語に「垈」という漢字がある。この漢字を遺稿原文では、父の筆跡ではっきりと「垈」というように、右肩の点をはぶいて書いてある。原文では何度もこの漢字が出てくるが、どれも右肩の点がない。しかし、未來社から送られてきた校正刷りには「垈」というように、右肩に点を打って原文を修正（校正ではない）して印刷してある。そこで私は原文に合わせるために、校正刷りの「垈」の右肩の点をはぶいて、原文通りに「垈」と校正刷りを校正しておいた。

ところが数カ月して、後に本書の「解説」を執筆していただいた宮嶋博史先生（東京大学東洋文化研究所教授）の著書『朝鮮土地調査事業史の研究』（五五四頁）の論文を、何気なく開いて見ていたら、これにはすべて「垈」というように、右肩に点が打ってあるのである。

父が書いた「㸃」が正しいのか、宮嶋先生の論文にある「㸃」が正しいのか分からなくなったので、私は飯沼先生に手紙で問い合わせてみた。しかし、何日経っても飯沼先生からの返事が来ない。待ちあぐねて電話してみた。飯沼先生から、その道の専門の方に問い合わせているが、その方が現在風邪を引いて寝込んでいられるので、しばらく待ってほしい、という返事。

それから一カ月以上も経過してから、飯沼先生からのお便りが書面で届いた。

「お返事が遅れて申し訳ありませんでした。只今、大阪外語大学の朝鮮語教授の塚本勲さんからお電話がありましたのでお伝えします。

塚本先生は、日本における朝鮮語学の最高権威で、先日のあなたのご質問につき御教示をお願いしていたのですが、只今の答えでは、『㸃』はすべて『点がある』ということです。元来、この文字は日本人が作ったもので、本来の漢字ではないそうです。日帝時代、朝鮮でもこの文字が作られたので、『点がある』のが一般的ですが、作った日本人が勝手に点を除いたことも考えられるとのことです。

その意味では、御尊父の『㸃』は必ずしも間違いとは言えないかもしれません。しかし、一応一般の用例に従っておいたほうがよいでしょう」

それから私は、この文字に対する再校正を何ページにもさかのぼってやり直し、さらにそのことを未來社に連絡したのである。

さて、先にも述べたように、遺稿原文が走り書きで書かれているために、未來社でさえ文字の原形が分からなかった場合があったようである。何回目かの初校のとき、「打

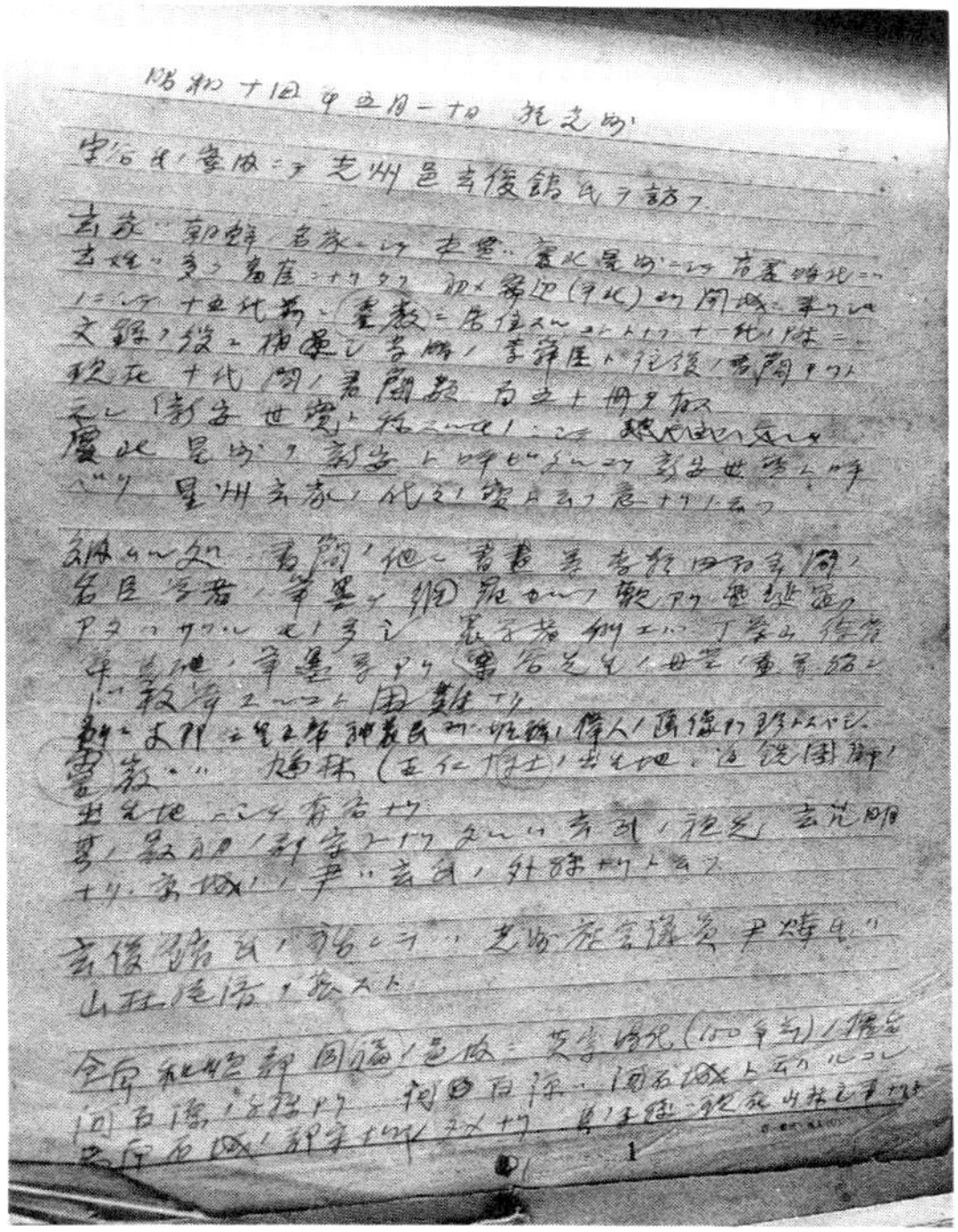

猛烈な走り書きの遺稿は，紙面にシミが生じ，書かれた文字も年月を経て消失しかかっている。そのため，校正のための判読に四苦八苦した

□」と印刷された初校ゲラ刷りが送られてきたことがある。□は判読不明の記号である。私は早速、原文と照合してみた。□の部分の漢字が、走り書きされた原文では、どう見ても「種」に見えるのである。農業関係の実態調査だから、これでよかろうと「打種」としておいた。しかし、「打種」とはどんな意味だろうか。やはり気にかかるので、数日経ってこの方面に詳しい桜井先生に尋ねてみた。すると、

「あ、それは『打租』ですね。朝鮮における小作料の一種ですよ」

と即座に答えられた。

なるほど、そう言われて原文を見ると、「租」にも見えるのである。もちろん「打種」も「打租」も、日本のどんな辞典にも掲載されていない。こんなことは私が農業方面に進んだいたら、ただちに判読できたであろう。

このことを桜井先生に話したら、

「いやあ、そうでもないですよ。やはり朝鮮や韓国の農業や経済学を専攻していなければ、ただ農業方面の知識だけでは、とても判読できません」

と言われた。

こんなこともあった。

同じ父の遺稿の中に「畓」という漢字が頻繁に出てくる。これを見た農学者の一人は、

「水田のことを、水と田を一緒にして『畓』とした本人（高橋昇）の創作漢字であろう」

と言われた。しかしそうではなく、実は「畓」も朝鮮語の一種で、朝鮮（韓国）でのみ通用する立派な漢字なのである。そして朝鮮語には「畑」という漢字はなく、朝鮮語の「田」が日本語の「畑」を意味しているのである。つまり、朝鮮語の「畓」が日本語での「田」であり、朝鮮語の「田」が日本語の「畑」に当たるのである。少しややこしいけれども、朝鮮の農業研究に携わった者なら何でもないことらしいが、こんなことも判読できないなら、朝鮮農業を語る資格はないとまで言われるそうである。

ところが校正をしていて、朝鮮語でない、もっと身近な言葉で戸惑ったことがあった。「足アドニテ踏ム」という語句である。この語句を含む校正刷りが未來社から送られてきたとき、この語句に対して何の校正もされていなかった。原文も同じく「足アドニテ踏ム」と記入されている。しかしこれではどんな意味か分からない。私はこれは原文の濁音記入のミスであろうと判断して、「足アトニテ踏ム」というように、濁音を取り除いて原文そのものを修正（校正ではない）しておいた。しかし、それでもやはりおかしい。「足跡にて踏む」とはどのようなことなのか。何だか胸にとげが刺さったようで、釈然としないまま数日間経過した。

そのころ、別な用件で地元の市立図書館に行った。そこで、つれづれなるままに「八女地方の方言集」を何気なく、いや、「ひょっとすると」という淡い期待感を持ってページをめくり、「アド」の項を開いてみた。すると、

「アド＝八女地方の方言で、足の『踵《かかと》』を指す」

という説明が目の中に飛び込んできた。電光のように遺稿原文の語句がよみがえり、一瞬にして胸のつかえがとれたのである。

それからは、大急ぎで市立図書館を出て我が家に帰り、「足ノカカトニテ踏ム」と初校ゲラ刷りと原文を修正したのである。これでやっと意味が通ずるようになった。八女市（もとの福島町）で出生し、少年時代をここで過ごした父は、大人になっても郷里の方言が時折顔を出し、野帳の実態調査の中にまで思わず出てきたのであろう。その点、外地育ちの私は、生粋の八女方言をただちには判読できなかったと言える。これなど、いかに朝鮮農学や経済学に精通されている方でも見過ごされたことであろう。

文部省出版助成金の授与

一九九六年（平成八年）

この年になってからは、未來社から三校の校正刷りが、次々と私の手元に届くようになった。さすがに三校ともなると読みやすいゲラになっている。

ところで、前年の暮れごろ、田口さんから次のような電話相談があった。

「今回の遺稿出版は、図版の挿入などで最初に予定していたよりも、ページ数が大幅に増加したりして、印刷費が膨大なものになっているので困っています」

出版については、まったくの素人の私は、今回の出版についてどれほどの経費がかかっているのか知る由もない。ただ、資金面で相当に窮屈であることは分かる。後日、飯沼先生から私宛に来たお便りに、

「あのとき、私はこの遺稿出版のため、未來社は倒産しないだろうかと心配していました」

と書かれていた。

そしてこの年の十月ごろ、田口さんからの電話で、

「飯沼二郎先生から文部省に、出版助成金の申請をしていただくことにしました。申請締め切りが十二月末日だから、何とか間に合いそうです」

ということであった。

十二月に入ってから間もなく、未來社から飯沼先生による申請書のコピーが私宛に送付されてきた。申請書の日付けは十一月二十五日となっている。その申請書の中の「刊行の目的および意義」について、飯沼二郎先生は次のように訴えてくださっていた。

本書は朝鮮総督府農事試験場技師・高橋昇が試験場在職中、一戸一戸農家を訪ね、朝鮮全土の農業をくまなく調査して作成した膨大な資料である。

高橋は敗戦後、この資料を持って帰国し、みずから整理・刊行しようとしたが、半年後、急逝したため果たし得ず、長く埋もれていたものを、今回刊行する事になったのである。

植民地当時、日本人は朝鮮人を蔑視していたから、高橋のように朝鮮の在来農法の意義を認め、その調査を行うものはなかった。

一九四五年以後、朝鮮農業は大きく変貌したから、今日ではもはや調査すべくもない一九四五年以前の、すなわち日帝下の朝鮮農業を知るための、本書は唯一の資料である。

　また、一九四五年以後も、朝鮮全土について、在来農法の調査は行われていないから、現代農業の基礎をなす在来農法の実態を示す本資料の刊行は、今日の韓国、朝鮮民主主義人民共和国の農業発展に対し、日本のなし得る最大の貢献となるであろう。


　そして未來社から文部省に対する請求金額は三五〇〇万円という膨大なものであった。

　その後、田口さんから、

「本書の著作権者は、あなたでなく申請者の飯沼先生でないと駄目だと文部省から言ってきているので、形式的ですが、一応『著作権放棄』の書類を同封しておきましたので、これに署名・捺印して、折り返しお送りください」

と言ってきたので、捺印して田口さんに返送した。

　あとは、文部省と飯沼先生、または未來社との話し合いになったのだろう。その後の経過について私はまったく関知していない。

　しかし未來社のほうでは、この文部省の出版助成金はあまり期待していないようだった。それは、十二月十九日に未來社の西谷新社長から私宛に届いた書簡によっても察することができる。

「文部省の助成金がパスするとありがたいのですが、非常に渋いところがある上に、大変な金額なので、どうなることでしょう。小社としては今回の出版は久々の大事業になります。印刷所からもそろそろ請求書が来るころだと思いますが、大兄に助成金の前払いを考えていただくことになるかもしれません」

末尾の「大兄に助成金の前払いを考えていただくかもしれません」とはどんな意味だろうか、私は考えてみた。

当初、この遺稿出版を未來社が引き受ける条件は、「印刷費の半額を依頼者（高橋甲四郎）が負担する」ということだった。仮にB5判（大判）で一〇〇〇ページのものを五〇〇冊発刊するとすれば、印刷費は一冊につき約二万円かかるという。だから総額一〇〇〇万円、その半分なら約五〇〇万円を私が負担せねばならない。その代わり発行部数の一割、つまりこの場合は五十冊は無償で私のところに配本されることになっている。

負担額五〇〇万円の半額二五〇万円のうち、韓国文化研究振興財団からの助成金一〇〇万円を差し引いた残りの一五〇万円は、すでに未來社に納金している。残りの二五〇万円は、出版が完了した暁に私が未來社に支払うことになっている。その二五〇万円を先払いしなければならない、というのが未來社の意向と解釈した。

私は、停年まで三十数年間勤務した県立高校の退職金の一部をこれに当てるべく、当初から預金していたので、支払い時期が早かろうと遅かろうと、どちらでもよかった。

一九九七年（平成九年）

五月二十日、非常勤講師をしている高校の授業が終わって帰宅してみると、妻が、「昼ごろ、京都の飯沼先生から電話があって、文部省から出版助成金として、一〇〇〇万円が下りることが決定したそうですよ」

と告げた。私は早速、飯沼先生に電話した。

「先生のお力添えにより、文部省から出版助成金として一〇〇〇万円が下りることが決定したそうで、よかったですね」

「これで私もほっとしましたよ。そこで早速ですが、今年の八月末ごろ、京都の拙宅で田口さんとあなたの三人で、あなたが保管しているあなたのお父さんの写真の選定をしたいのですが、いかがでしょうか」

口絵にする写真の選定をしたいということである。私は、ただちに未來社の田口さんに電話をして、出版助成金の認可を喜び合ったあと、飯沼先生からの伝言を話し、写真選定を八月三十日にすることにして、飯沼先生の承諾を得た。

八月三十日、埼玉県の武里町で光線療法による難聴の治療をしていた私は、治療も一段落したので、東京の浅草で田口さんと会い、一緒に新幹線で京都に行き、飯沼二郎先生宅を訪問した。私はあらかじめ、父が写した数百枚の写真を福岡県の自宅から京都の旅館に宅急便で送っていたので、これを抱えて持って行った。飯沼先生は、私たちの来訪を心待ちにされていた。

飯沼先生は、一カ月前に両眼とも白内障の手術をされていた。手術後のご容態を気にしながら相対した。

応接室のテーブルの上に、持参した写真を一枚一枚取り出して飯沼先生の前に差し出す。先生はこれを丁寧にご覧になって、

「これは、よい」

「これは、ボツ」

と選定される。田口さんは傍らに腰かけて、それらの写真の番号を手帳に控えていかれる。こうして一時間ほどで数百枚の写真の中から約四十枚ぐらいを厳選した。

このあと、飯沼先生の知り合いの食堂で、出版の前祝いだといって、田口さんと私は、飯沼先生から京都の珍味料理をごちそうになったのである。

九月十九日、今回の遺稿出版書の「解説」を引受けられた宮嶋先生からの返事が未來社にあったかどうか、電話で尋ねてみた。

田口さんから、次のような返事があった。

「……宮嶋先生は、『解説』を書く気持ちは持っていらっしゃるようですが、いまは忙しくて手が付けられないようです。いまの仕事が一段落したら書きます、というお返事でした」

その数日後に再び田口さんに電話をした。

「いま、宮嶋先生は本書の三校ゲラ刷りを、最初から一枚一枚を克明に御覧になっていられ、誤字や訂正個所を未來社にその都度連絡されています。一三〇〇ページもの膨大なものを、時間をかけて集中的に精読されていられるらしい。まったくすごいものですよ」

田口さんの感嘆の声が受話器の向こうから聞こえてきた。

一九九八年（平成十年）

いよいよ遺稿出版も大詰め。年が明けると、ほとんど四、五日おきに田口さんから依頼の電話がかかってきた。

「黄海道の〇〇ページの図をコピーして至急送付してもらいたい」

「あなたのお父さんの詳細な略歴を至急送ってもらいたい」

「あなたの略歴を三日以内に送ってもらいたい」等々。

何しろ二月末日までに出版できねば、文部省からの一〇〇〇万円という高額な出版助成金が打ち切られるのだから、田口さんも必死だったのだろう。


二月二十七日、朝食を食べ終わったとき、田口さんから慌ただしい電話があった。

「とにかく文部省の締め切り期限に間に合わせるために、昨日手作りでやっと五冊だけ製本いたしました。一冊は文部省の分、一冊は未來社の分、ほかの三冊は編集者三人の分です。その中の一冊をあなた宛に昨日発送しましたのでお受け取りください」

田口さんは付け加えた。

「結局、一三〇〇ページに近い大冊になりました。したがって、一冊の価格も税込みで十万円に近い高価な本になりましたが、製本しました結果は、それに見合うだけの、豪華な本になりましたので、期待してください」

午後になって、飯沼先生から電話がかかってきた。

「私のところには、今日届きました。後世に残る立派な書物になりましたよ」

おやじの声

二月二十八日昼近く、宅急便が未來社の田口さんから届いた。包みを開けてみると、「朝鮮半島の農法と農民」と印刷された外箱の中に、ずっしりと重たい書物が収まっていた。

「ついに、とうとう、父の遺稿が日の目を見るようになった」

私はその書物を箱に入ったまま持ち上げ、重さを量ってみた。三キログラム弱あった。寸法を測ってみた。縦二七・五センチ、幅二〇・五センチ、厚さ七センチ。箱の中から書物をそっと取り出して、中を開けてみた。真っ白い上質の紙に、きれいに印刷された活字や図が、まぶしく目の中に飛び込んできた。

B5版の大判で一二九二ページあった。

ページをめくっていると、この出版のために、いままで協力を惜しまれなかった多くの方々の姿が、次々とまぶたに浮かんできた。

出版された『朝鮮半島の農法と農民』を前にして，京都の飯沼二郎先生宅にて写る。左が飯沼二郎先生、右が筆者（1998年４月25日）

いまから五十三年前、日本の敗戦によって、日本全土がどん底に落ち込んでいるとき、父の遺稿を詰め込んだ重いリュックサックを一人で担いで、苦労して朝鮮から日本本土に運んで来られた木下栄さん。そのあと、この父の遺稿を最後まで自分の手で出版しようと努められたが果たせず、志半ばにして故人となられた落合（旧姓森）秀男さん。

今回の出版の大きな原動力となって推進していただいた飯沼二郎先生。飯沼先生には、一九九〇年（平成二年）以来、八年間という長い間、ご高齢にもかかわらず、校正に編集に、そして助成金の申請に至るまで、数々のご協力を惜しみなく賜わったのである。

この飯沼先生の推薦があったとはいえ、採算を度外して今回の困難な出版を勇断していただき、その完成を待たずにご逝去された未來社の前社長西谷能雄氏。また、果たして活字になるだろうかと懸念されるような原稿を、一つ一つ活字に組み込めるように修正しつつ、粘り強く出版まで漕ぎ続けていただいた未來社の田口英治さん。

編集委員にはなられなかったが、私の自宅近くに在住されて、何くれとなく助言をいただいた桜井浩先生。また、面倒な長文の「解説」をこころよく引受けていただいた宮嶋博史先生。

これらの方々の献身的なご協力はもちろんのこと、そのほか、数え切れないほどの多くの方々の温かい励ましと助言によって、今回の出版が成し遂げられたのである。

私は、これらの方々の善意の結晶である『朝鮮半島の農法と農民』の前に深々と頭《こうべ》を垂れ、心の底からお礼を申し上げた。

「長い間、本当に、本当に有難うございました」

いつだったか、私が遺稿の編集に熱中しているとき、妻が、

「あなたは、お父さんの遺稿出版のためにこの世に生まれてきたようなものですね」

と言ったことがある。

そうかもしれない。そうでないかもしれない。しかし、多年の念願であった父の遺稿が発刊されたことによって、私は、いままで背負っていた大きな荷物を下ろしたような気持ちになった。

いまから五十一年前、たくさん言い残しておきたかったであろうけれども、一言も言い得ずに、無念の思いを抱いて、突如として遠いあの世に旅立っていった父の元へ、いまなら大手を振って行くことができるような気がする。

発刊の感激と喜び、そしてそれを可能にしていただいた多くの方々への感謝の気持ちから、ようやく我に返った私は、仏壇の父の位牌「顕真院釈証道居士」の前に、その大きくて重い『朝鮮半島の農法と農民』を両手で抱えて持って行き、どっしりと据えた。

両手を合わせて合掌したあと、ゆっくりと頭を下げて報告をした。

「やっとできたよ」

ローソクの火がゆらりとゆれた。

「そうか、ありがとう。長い間、ご苦労だったね」

おやじのねぎらいの声が、かすかに聞こえたような気がした。

長らく埋もれていた父の遺稿の一部が半世紀を経て『朝鮮半島の農法と農民』と題して，やっと日の目を見た

遺稿出版その後――あとがきに代えて

ＮＨＫによる取材と放映

遺稿を発見してから出版するまでの経過の中で、本書に書ききれなかったいくつかの事例がある。その一つがＮＨＫによる取材と放映である。

一九九三年四月二日に、ＮＨＫ東京本社の大野兼司というディレクターから突然電話がかかってきた。ＮＨＫの教育テレビが、「コメと日本人」というテーマでシリーズものの番組を組み、取材を続けているうちに、農林省熱帯農業研究センター発刊の『旧朝鮮における日本の農業試験研究の成果』に辿りつき、この中に執筆してある落合秀男さんの特別寄稿から亡父のことが分かったということである。

大野氏が東京から福岡県の私の家まで取材にやって来たのは、その年の五月二十二日のことである。翌日まで八女市に滞在して、父が残したフィールドノートや写真などをたくさんカメラに収め、遺稿の一部をコピーして持って行かれた。こうして翌六月十七日、「コメと日本人」の中の「コメに揺れた日韓近代史」で、短時間ではあったが、遺稿の中の実態調査などが全国に放映された。

これを放映するために、ＮＨＫが取材のために韓国にわたり、亡父のことについて当時の高麗大学名誉教授の趙戴英《チヨチエンヨン》博士や、農村振興庁研究部長の李正行《イチヨンヘン》氏にインタビューし、その素材ビデオ録画が私宛に送られてきた。その録画を家で再生して見ているうちに、趙戴英博士が次のような貴重な話をされているのに、私は思わず聞きいった。

「日本の敗戦により、朝鮮にいた日本人全員が朝鮮から日本国に引き揚げて行くなかで、高橋昇博士を含む数名の日本人農学者に『待った』がかかりました。農事試験場が農村振興庁と改名され、その初代庁長となった桂應祥《ケイウンサン》博士のはからいで、いままで指導的立場にいたこれら数名の日本人農業技術者たちに、しばらく水原の農村振興庁（農事試験場）に残って、あとに続く韓国人農学者を育成してもらいたい、ということだったのです。私もその当時、高橋昇場長の講義を聴いた一人です」

五十年振りに初めて知る父の動静だった。敗戦になっても「しばらくは帰国できない」という知らせを受けてからは、「戦犯として韓国のどこかの牢獄に閉じ込められてはいないだろうか」などと、私は悪い方面ばかりの、さまざまな憶測にさいなまされていた。引き揚げて来てからも、父は残留していたときの事情は何も話してくれなかったため、その期間の父の動静については、それまでまったくの謎だったのである。このＮ

ＨＫの素材録画によって、はじめてその謎が解けたのだった。

海賊版の出現

遺稿出版後、思いもよらないことが起こった。海賊版の出現である。『朝鮮半島の農法と農民』を出版してから約一年が経過したころ、「韓国で本書の海賊版がひそかに出回っているらしい」ということを耳にした。私はその真偽を確かめるために、この本について熟知している私の知人である韓国人農学者の某氏に尋ね、もしそれが本当なら、海賊版なるものを何とか手に入れて送ってもらえないだろうかと頼んでおいた。

それから一カ月後、『朝鮮半島の農法と農民』の全ページをコピーして製本された海賊版が送られてきた。開いてみると、紙質や装幀などは比較にならないほど粗悪なものであるが、内容はまったく同じものだった。そして、一割以下の価格で販売されているのである。

私は、その本を送ってくれた某氏に、海賊版が出回っていることについての考えを聞いてみた。すると、次のような返事が返ってきた。

「韓国でも、著作権または知的所有権の保護と、それに対する侵害罪は、法律できびしく規定されています。決して野放図に放置されている訳ではありません。『朝鮮半島の農法と農民』については、長年にわたる故高橋昇先生の研究調査と、編集・出版にたずさわられた、多くの方々の献身的なご努力のことを思えば、海賊版の出現はまことに遺憾なことといわねばなりません。

ところが海賊版については、別の側面があるように私には思われます。研究者や学者というものは、得てして金銭に無頓着なものが多く、したがって経済的に余裕のある生活をしているものは、極めて少数に過ぎません。経済的に恵まれない学者にとっては、その学術書の内容がいかに優れていても、高価なために手に入れることが出来ねば、『絵に描いた餅』に過ぎません。

書物の価格は、著作者が執筆するために費やした経費や、出版するために要した出版社の制作費などを勘案して決定することは当然です。しかし反面、その書物を読む人々のことも考える必要があります。読みたい、研究したいと思う人々が、高価なために入手できねば、その書物の値打ちは『無』に等しいでしょう。単に『海賊版は悪い』と断定してしまうことが出来ない、このような側面があることも確かです。

この書物の内容から考えると、その多くの読者の対象は韓国人になるでしょう。日本の貨幣価値の一割という低い韓国貨幣価値の割合で支給されている韓国人の給料から考えると、一冊十万円（韓国貨幣では百万ウォン）という法外に高価な価格では、一韓国人農学者がこれを購読し得ることは、不可能であることも事実です。

海賊版が出回ってきた事情はここにあります。

故高橋昇先生も、自分が執筆した学術書が、あまりに高価なために多くの韓国人農学者に行き渡らないよりも、不法ではあるが海賊版という形で幅広く韓国人農学者に読まれ、研究されることを、果たして忌避されるでしょうか。必ずしも忌避されるとは言いがたいと思います」

言っていることにおかしなところはない。ただ、海賊版が横行して、もっとも被害を被るのは出版社である。国の政府機関は、このようなことがないように、他国の出版物に対しても著作権侵害の取り締まりをいっそう厳しくしていただきたい。それと同時に、大幅な助成金を出して、意欲のあるものは誰でも手軽に手に入れ、研究ができるような策を立て、早急に海賊版の撲滅をはかるよう要望したい。

海賊版の横行を見逃していることは、その国の出版業界に対する政治の貧困を露呈するものであるといっても過言ではないだろう。

未刊行の「犂に関する研究」

父の未発表の遺稿一万二〇〇〇枚のうち、今回未来社から出版した『朝鮮半島の農法と農民』の原稿は、そのうちの約四〇〇〇枚である。残り八〇〇〇枚の原稿のうち、比較的まとまっていると思われるものの一部を挙げれば、「犂に関する研究」、「稲作の歴史的発展過程（Ⅰ・Ⅱ・Ⅲ）」、「耒耜《タビ》考」、「水稲畦立栽培法に関する論文・資料」、「斉民《セイミン》要術について」等々がある（巻末「備考」参照）。その中の「犂に関する研究」は飯沼先生も出版を推奨された資料である。

『朝鮮半島の農法と農民』が出版されてから間もなく、未来社の田口英治さんから、

「朝鮮半島の犂について精力的に研究調査されている大東文化大学（埼玉県）の新納豊先生が、あなたのお父さんの資料について大変関心を寄せられていますので、一度電話をしてみてください」

という連絡があった。電話で連絡がついたあと、新納先生は埼玉県から、はるばると九州の私の家までお出でになった。大型茶箱二個に保管している父の遺稿を、つぶさにご覧になられ、「犂に関する研究」を新納先生と私の二人共同で編集しようという結論になった。

それからは新納先生がパソコンを駆使して、「犂に関する研究」の全文を克明に入力

していかれた。私は文中に描いてある図をコピーして、新納先生に送付していくという作業を約一年間続けた。その間、不明なところや、作業の打ち合わせなど、すべてお互いの電子メールを通じて細かいところまで正していった。こうして一九九九年七月に新納先生の努力で、暫定版として簡易製本された「高橋昇調査資料『犂ニ関スル研究』新納豊・高橋甲四郎編集」ができあがった。横二一センチ、縦三〇センチの大判で、一五〇ページであった。この簡易製本五冊の制作費は、すべて新納豊先生の負担でまかなわれた。私に送っていただいた三冊のうち自分の分以外に、一冊は飯沼二郎先生に、一冊は韓国人で犂の研究をしている友人に差し上げた。

その後さらにこれを再編集して出版するために、新納先生が各方面の出版社に当たっていられたが、採算を伴なわないこのような学術書は、どこの出版社も引き受け手がなく、現在未公刊の状態が続いている。

このことから考えてみても、農業学術書の刊行が、いかに困難であるかを痛感している次第である。そして、『朝鮮半島の農法と農民』を採算を度外視して出版を決断された未来社の故西谷能雄社長に対して改めて敬意と感謝の念がわいてくるのである。

朝鮮半島の南北両首脳に寄贈

二〇〇〇年十一月に、朝鮮民主主義人民共和国（北朝鮮）に所属はしているが朝鮮総連とは別組織の「一冊の会」の代表辛中錫《シチャンスック》という人から『朝鮮半島の農法と農民』を購入したいという電話があった。

そのとき、とっさに私の脳裡に浮かんだのは、かつて落合秀男さんが「『朝鮮半島の農法と農民』が完成したら、まず韓国の大統領と北朝鮮の金日成《キムイルソン》氏にそれぞれ一冊ずつ贈呈したい」と言われていた言葉を、雲上の声のように聞いていたことだった。

私は辛中錫さんにこう言った。

「いま北朝鮮は劣悪な食糧事情が続いていると聞いています。深刻化しつつある北朝鮮の農業経営の問題、ひいては悪化している食糧事情の解決に、何らかの参考になると思いますので、一冊を国の最高責任者である金正日《キムジョンイル》国防委員長に寄贈したいと思っています」

すると辛さんは、

「それはありがたい。いま平壌《ピョンヤン》にいる私の友人を通じて金正日国防委員長に届けることはできます」

と言った。翌日、金正日国防委員長宛の手紙と一緒に、『朝鮮半島の農法と農民』を辛さん宛に発送した。それから七カ月後の二〇〇一年六月に、辛さんから便りが来た。

「あの本は間違いなく金正日国防委員長の手元に届き、その後、国防委員長の計らいで金日成人民大学習堂に保管され、各方面の学者により研究されることになりました」

この便りと一緒に、人民大学習堂の総長崔熙正《チエヒジヨン》氏より丁寧な礼状、写真などが送られてきた。

北朝鮮には、このようないきさつで寄贈でき、活用されるようになったが、韓国にも寄贈して活用してもらわねばならない。

二〇〇一年六月、『朝鮮半島の農法と農民』の「内容紹介」のパンフレットを持って、福岡県の大韓民国総領事館を訪ねた。総領事館は、韓国外務省と折衝してみるということになった。

数日後、韓国総領事館より電話があり、韓国外務省が引き受けてもよいといってきたということだったので、重たい『朝鮮半島の農法と農民』を抱えて総領事館に行った。

「韓国外務省から大統領官邸秘書課に連絡をして、金大中大統領に届けることになりました」

という返事だったので、「寄贈・大韓民国・金大中《キムデジユン》大統領ニム（ニムは敬称。ハングル文字）」と書いて署名したその書物を、金大中大統領宛の手紙と一緒に領事に渡した。

そのとき私は、五年前に飯沼二郎先生が文部省に出版助成金を申請されるときに書かれた次の言葉を思い出していた。

「一九四五年以降も、朝鮮全土について、在来農法の調査は行われていないから、現代農業の基礎をなす在来農法の実態を示す本資料の刊行は、今日の韓国、朝鮮民主主義人民共和国の農業発展に対して、日本のなし得る最大の貢献となるであろう」

私は、すがすがしい気持ちになって大韓民国総領事館をあとにした。

*

今回の『父の遺稿——発見から出版まで』を執筆するに際し、ジャーナリストであり、聖学院大学（埼玉県）の非常勤講師でもある河合達雄先生に、全文について実に懇切丁寧なご指導をいただきました。また、飯沼二郎先生からは、身に余る「序文」をいただき、まことに光栄と思います。海鳥社の杉本さんには、編集・校正に大変ご苦労をおかけいたしました。

最後になりましたが、これらの方々に心より感謝いたします。有難うございました。

二〇〇一年七月

高橋甲四郎

〔備考〕高橋昇遺稿・資料目録

現在、私の手元に保管している亡父高橋昇の遺稿・資料目録は次の通りである。このなかで、番号が白抜きものは『朝鮮半島の農法と農民』として一九九八年二月に発刊されたが、ほかはすべて未公刊である。ただし、［XIII］の①は5冊だけ簡易製本済み。

また、分類［III］写真のうち、①～⑦および⑩、⑫は、韓国農村振興庁からの強い要望により、二〇〇一年二月に同庁に寄託し、同年末に「故高橋昇写真集」として同庁から発刊の予定である。

分類［I］実態調査、その他

❶ 城山農場（昭17・6・1） 82枚
❷ 農具――江原道（昭16・1・17―26） 19枚
❸ 実態調査（昭18・5） 87枚
❹ 今後の朝鮮農業について 28枚
❺ 咸鏡南道水稲耕種在来法調査（大11） 8枚
❻ 平安南道実態調査（昭15・4） 34枚
❼ 慶州扶余行、其他雑録（昭15・2） 44枚
❽ 朝鮮主要作物の作付方式と土地利用 269枚
❾ 農村の飲食（昭14・3） 9枚
❿ 平安北道実態調査資料（昭15・6） 161枚
⓫ 慶尚南道（統営、南海郡）
⓬ 慶尚北道（慶山郡） } 104枚
⓭ 忠南北、慶南北の視察、慶南、全南北（昭13・2・5―15） 115枚
⓮ 新昌里宮洞実態調査記（昭15・3・4） 13枚
⓯ 咸北実態調査（昭15・11・12―12・2） 29枚
⓰ 平安北道安東県輯安県（昭15・10・12―17） 31枚

⑰ 城山農場（昭17・5・31）　143枚
⑱ 黄海道実態調査（昭13・3・16）　55枚
⑲ 錦山、茂朱、醴泉、豊基、人参耕作状況復命書（昭12・5）　18枚
⑳ 江原道実態調査資料　101枚
㉑ 京畿道実態調査――開城白菜、水原郡（昭13・3）　15枚
㉒ 北鮮紀行（昭15・10・26―11・3）　47枚
㉓ 京畿道実態調査資料（昭12・7・29）　44枚
㉔ 金海における実態調査（昭19・5）　4枚
㉕ 朝鮮の飲食物について（昭19・6・28）　4枚
㉖ 慶北実態調査資料（昭9・6・30）　111枚
㉗ 田作物栽培実態調査（平安南道農試）　131枚
㉘ 黄海道実態調査資料（昭8・9・20）　197枚
㉙ 咸南北実態調査（昭17・6）　83枚
㉚ 済州島紀行（Ⅰ、Ⅱ）　420枚
㉛ 平南実態調査資料（昭12・6・26）　107枚
㉜ 実態調査備忘録　82枚
㉝ 実態調査（昭17・10・23）　9枚
㉞ 咸鏡南北道実態調査（昭13・6・20―7・17）　275枚
㉟ 稲作の歴史的発展過程（Ⅰ、Ⅱ、Ⅲ）　761枚
㊱ 京幾道島岐地帯　68枚
㊲ 労力調査　167枚

計　3875枚

分類［Ⅱ］統計

① 朝鮮半島における畑地の利用状況（昭10・6）　19枚
② 道別農業統計（昭5）　6枚
③ 朝鮮主要作物の作付方式の実例　61枚
④ 慶尚南道郡別統計　12枚

計　98枚

分類［Ⅲ］写真

① 人物　94葉

② 朝鮮風物、その他 225葉
③ 朝鮮一般 175葉
④ 研究資料Ⅰ 148葉
⑤ 研究資料Ⅱ 80葉
⑥ ＰＯＴ試験 125葉
⑦ 甜菜に関する試験 79葉
⑧ 欧米留学（アメリカ） 276葉
⑨ 欧米留学（欧州）、支那 126葉
⑩ 二頭犂（大型写真） 7葉
⑪ 古書複写 117葉
⑫ 水稲畦立栽培 43葉
計 1495葉

分類〔Ⅳ〕試験成績

❶ 蕎麦に関する試験調査成績（予報） 10枚
❷ 馬鈴薯冷凍乾燥法 24枚
③ 作物用水量試験
④ 栽植粗密試験
⑤ 用水量試験
（③〜⑤）303枚
⑥ 水稲における栽植の粗密と収量の関係 10枚
⑦ 灌漑水量問題 48枚
⑧ 作物の種子の発芽並に生育と温度の関係 60枚
⑨ COMPARISON OF EVAPORATION RATES FROM THE DIFFERENT SURFACES 48枚
計 503枚

分類〔Ｖ〕論文、刊行物等

① 武田総七郎 稲作論（原稿一部欠） 183枚
② 実態調査より見たる慶南の畜牛問題について（田口達） 18枚
③ 大小麦の呼称
日本古代麦作考
農業経営方式論の研究
作物学の定義
（吉川祐輝、田中節三郎他）
栽培学各論抜粋（田中）
（③）130枚
④ 施肥論抜粋

稲の由来並びに分布について
栽培植物の起源
パビロフ遺伝因子中心説　112枚

⑤小麦の研究（パーシバル原著）　240枚

⑥作業能率の研究（軍馬補充部）ノート　162枚

⑦BLACKENED SPHERE FOR ATMOMETRY, LIVINGSTON　39枚

⑧朝鮮山系論概説　13枚

⑨韓国における棉作調査　111頁

⑩満州在来農法に関する研究　119頁

⑪冷水灌漑せる水稲の全窒素含量及炭水化物含量の異常について　26頁

⑫抜根機試験成績　13枚

⑬水稲における根部冷却の影響について（予報）　15頁

⑭小麦穀実線虫病　8枚

⑮新作物「糊麻」について　16枚

⑯朝鮮における飼牛経済の瞥見　39頁

⑰植物の耐寒性と耐湿性との内的条件に関する研究　42枚

⑱博物館報、第4号　28枚

⑲中国農書目録彙篇　214頁

⑳玉函山房輯佚書目　147頁

㉑橋本教授農業立地学ノート　41枚

㉒用水量
水田除草中耕に関する文献　296枚

㉓農政全書、農具図譜　96図

㉔農書、農具図譜　139図

㉕斉民要術抜粋
斉民要術について
大典会通抜粋
理生玉鏡稲品
朝鮮産馬史　332枚

㉖耒耜考　78枚

㉗朝鮮蝶類（鱗粉転写）　47図

㉘作業能率に関する研究（軍馬補充部）ノート　94頁

㉙ 鍬犂系譜考（西山武一） 10頁
㉚ CLASSIFICATION OF AMERICAN WHEAT VARIETIES 24枚
㉛ 灌漑の性格（伊東秀男） 10頁
㉜ PAGAN RACES OF MALAY PENINSULAR 59枚

計 1719枚 876頁 282図

分類〔Ⅵ〕在来品種特性調査

① 大豆品種調査標準
朝鮮在来大豆、大小麦、粟、品種調査
平安北道における大豆品種の調査
水稲、大豆分布状況調査について（咸鏡南道） 55枚
② 主要作物の生育日数 80枚
③ 玉蜀黍特性調査Ⅰ 99枚
④ 同 右Ⅱ 41枚
⑤ 陸稲特性調査 68枚
⑥ 水稲保存品種特性調査 75枚
⑦ INVESTIGATION ON THE CHARACTER-ISTCS OF KOREAN NATIVE VARIETIES OR STRAINS OF PADDY RICE 241枚
⑧ 小豆在来品種特性調査 146枚
⑨ 荏特性調査 99枚
⑩ 黍特性調査 28枚
⑪ 胡麻特性調査 105枚
⑫ 蜀黍特性調査 94枚
⑬ INVESTIGATION OF THE KOREAN NA-TIVE VARIETIES OF BUCKWHEAT 20枚
⑭ CHARACTERISTCS OF THE SOYBEAN VARIETIES IN KOREA 202枚
⑮ OBSERVATIONS OF KOREAN NATIVE VARIETIES OF BARLEY 133枚

計 1436枚

分類〔Ⅶ〕水稲畦立栽培

① 試験設計
試験成績 351枚

② 試験成績　331枚

③ 畦立栽培における田植作業
挿秧作業比較試験
試験成績
耕起、畦立、整地作業　}　329枚

❹ 水田雑草に関する研究
工藤、平田書翰　}　121枚

⑤ 田植作業の研究
指導要領
戦時研究関係書類（技術院）　}　208枚

⑥ 関係文献抄録　316枚

⑦ 雑資料　103枚

計　1759枚

分類〔Ⅷ〕地図

① 朝鮮農業地図Ⅰ　141枚

② 同　右Ⅱ　50枚

③ 同　右Ⅲ　20枚

④ 朝鮮大地図　2枚

⑤ 朝鮮地形図　1枚

⑥ 一般地図　45枚

⑦ 済州島地図　1枚

計　260枚

分類〔Ⅸ〕気象資料

① 朝鮮各地気象観測数値　173枚

② 朝鮮各地日照時数
沙里院における日射量　}　156枚

③ MEAN DAILY TEMPERATUR IN TYOSEN
（1933. APRIL）　179枚

④ 日本、朝鮮、支那月別気象図

計　547枚

分類〔Ⅹ〕学位論文資料、日誌

① 学位論文用の遺伝関係資料Ⅰ
② 学位論文用の遺伝関係資料Ⅱ
③ 同　右Ⅲ　}　745枚

④ 満支旅行日誌　161枚

⑤ 欧米留学日誌 211枚

計 1117枚

分類［Ⅺ］雑

① 外国往復文書 124枚

② 福岡県農業会聞書 124枚

③ 米穀増産関係 40枚

④ 特許広告（農機具関係） 166枚

⑤ 雑資料（Ⅰ） 270枚

⑥ 同　右（Ⅱ） 大型封筒1

⑦ 同　右（Ⅲ） 大型封筒1

⑧ 同　右（Ⅳ） 大型封筒1

計 724枚 大型封筒3

分類［Ⅻ］写真原板

① 写真原板 507枚

［XIII］追加分

① 犂に関する研究 354枚

② 水稲畦立栽培法（講演原稿） 252枚

③ 労力（主として挿秧）調査 65枚

④ 作物稠密度地図 13枚

⑤ 慶尚南道産業地図 13枚

⑥ 農業地図 12枚

⑦ 道・郡・面及び水利組合地図 54枚

⑧ 陸地測量部1／50000地図 12枚

⑨ シナ、U・S・A地図 8枚

⑩ 朝鮮白地図 22枚

⑪ 雑資料 64枚

（パンフレット（Speaking Baltimore）

⑫ サイン帖 1冊

武田総七郎 稲作論補遺 Ⅴ－①へ組み入れ

「農政全書」農具図譜 33枚 Ⅴ－㉓へ組み入れ

高橋甲四郎（たかはし・こうしろう）
1925年，朝鮮京畿道生まれ。1947年，明治工業専門学校（現・九州工業大学）機械工学科卒業。以後，福岡・佐賀県の公立中学校，県立高等学校にて数学科を担当，1986年，福岡県立八女高等学校を最後に定年退職。その後1999年まで高等学校の非常勤講師を勤める。

現住所：福岡県八女市大字津江859－2
E-mail：kou46o@mx2.tiki.ne.jp
http：//ww2.tiki.ne.jp/~kou46o/

父《ちち》の遺稿《いこう》
その発見から出版まで
■
2001年8月6日　第1刷発行
■
著者　高橋甲四郎
発行者　西　俊明
発行所　有限会社海鳥社
〒810-0074　福岡市中央区大手門3丁目6番13号
電話092(771)0132　FAX092(771)2546
印刷・製本　九州コンピュータ印刷
ISBN 4-87415-360-7
http://www.kaichosha-f.co.jp
［定価は表紙カバーに表示］